古代歷史文化研究輯刊

二六編

王明蓀 主編

第23冊

晚清「文化家族」的構建
——以瑞安孫氏為中心（下）

淩一鳴 著

國家圖書館出版品預行編目資料

晚清「文化家族」的構建——以瑞安孫氏為中心（下）／淩一鳴 著 -- 初版 -- 新北市：花木蘭文化事業有限公司，2021〔民 110〕

目 4+146 面；19×26 公分
（古代歷史文化研究輯刊 二六編；第 23 冊）
ISBN 978-986-518-606-7（精裝）
1. 孫氏 2. 家族史 3. 清代
618   110011830

ISBN-978-986-518-606-7

古代歷史文化研究輯刊
二六編　第二三冊　　　　　ISBN：978-986-518-606-7

晚清「文化家族」的構建
——以瑞安孫氏為中心（下）

作　　者　淩一鳴
主　　編　王明蓀
總 編 輯　杜潔祥
副總編輯　楊嘉樂
編　　輯　許郁翎、張雅淋、潘玟靜　美術編輯　陳逸婷
出　　版　花木蘭文化事業有限公司
發 行 人　高小娟
聯絡地址　235 新北市中和區中安街七二號十三樓
　　　　　電話：02-2923-1455 ／傳真：02-2923-1452
網　　址　http://www.huamulan.tw 信箱 service@huamulans.com
印　　刷　普羅文化出版廣告事業
初　　版　2021 年 9 月
全書字數　285312 字
定　　價　二六編 32 冊（精裝）台幣 88,000 元

晚清「文化家族」的構建
——以瑞安孫氏為中心（下）

淩一鳴　著

目

次

第四章　家族建設與家族文化

第一節　家族建設

一、從安義堡到詁善鄉居

　　孫氏家族在地方上本屬於後起，孱弱的家史未能讓其在地方紳民心中形成足夠堅實的地位。孫氏兄弟為家族獲取的最為可靠的資本——科舉成功帶來的政治身份，在金錢會事件的衝擊下也已不足為恃，甚至家族內部也布滿裂痕。金錢會事件中孫氏子弟背叛投靠金錢會，不僅讓身處戰場的孫詒谷心懷怨恨，意圖報復，也讓孫衣言反思家族建設策略的弊病。孫衣言由此發覺，血緣的天然性並不能保證盤谷孫氏各支對自己所訂家族策略的支持。所以除了獲取地方上各種勢力的認同以外，如何實現家族內部的統一、為其家族理想夯實基礎，對孫衣言來說成了迫在眉睫的問題。

　　在金錢會事件後，孫衣言意識想要建立一個有長期發展潛力的家族，遠非一個安義堡能夠保障，而是需要配合家族策略的調整，重新梳理家族歷史，乃至制定家族秩序。其實即使堅信築堡可以興家固鄉的時期，孫衣言的醉翁之意也不僅在於築堡的形式而已。他的名族之夢不在築堡本身，而在築堡之後「興行相率以為孝友睦姻任恤，使其比閭族鄰之間如父子兄弟之相親愛也」，遵從於儒家倫理秩序下緊密和諧的鄉族才是孫衣言的終極理想圖景——「是無待於堡而固矣」〔註1〕。

―――――――――――――――――――――

〔註1〕　（清）孫衣言：《安義堡記》，《遜學齋文鈔》卷二，清同治十二年（1873）本。

　　經歷過金錢會事件，尤其在安義堡付之一炬之後，孫氏家族特別是孫氏兄弟在地方權力格局中的位置更趨微妙與敏感。重建安義堡不但在實際操作程度上存在較大難度，更有加劇與地方官紳緊張關係的可能性。因此，孫衣言的鄉族建設願景，在實現方式上經歷了重大調整，並將鄉學復興的思路引入了個體家族轉型的實踐之中。值得注意的是，儘管修築鄉堡甚至建立家族武裝的方案在實踐中被否定，但孫衣言構想的終極鄉族圖景依然是：「其人往往聚族而居，父子兄弟相依倚老死而不相離」〔註2〕，這一最終目標並未改變。但「聚族而居」並不一定需要堡壘這一的建築形式，更重要的是人心的凝聚。這一時段他的家族建設，實質上是努力塑造家風與家學，力圖建構科舉乃至詩書家族的形象。他把家族建設的重心從築堡等外在設施建設，向家風塑造等更深層的方向轉移，這一轉變是以不背離其初衷為前提的，仍是為了貫徹傳統道德鞏固鄉族、建立「孝友睦姻任恤」的鄉族規範。至於其力圖達到的理想家風，孫衣言曾作過如是總括：

> 蓋昔之言人先德者，常喜稱其爵位之隆與事功聲望之美，以為可以示後世。自衣言思之，爵位之隆賦於天而不可必得，事功聲望之美遇時而後有者，亦非子孫之所能效也。求之而必得，可以為法而傳後，惟此勤儉醇謹之家風而已矣。我孫氏自宣義府君以好義輕財見稱前世，至我祖贈君，復以能施予聞，而府君太淑人以儉德承之以有今日，此固我子孫所當深思也。〔註3〕

　　作為科舉制度的受益者，孫衣言對科舉制度一直抱有擁護態度；作為家族的領導者，他認為家風的營造與功名的取得不過偏廢其一。相較於科考的不可預見性，孫衣言認為家風的形成與繼承，對於家族的發展具有更重要長遠的意義。身處儒家倫理道德遭受衝擊的時代，孫衣言也在用恪守傳統道德秩序的方式作出反應。他把自家家風總結為「勤儉醇謹」，並試圖從祖輩的事蹟中提煉出美德，作為家風供家族遵守，也是與從儒家學說中選擇思想資源一脈相承的。

　　光緒元年（1875），時任安徽布政使的孫衣言歸鄉，期間於瑞安城北宋都

〔註2〕（清）孫衣言：《送汪仲穆序》，《遜學齋文鈔》卷三，清同治十二年（1873）
　　　　本。
〔註3〕（清）孫衣言：《蓋竹山阡表》，《遜學齋文鈔》卷五，清同治十二年（1873）
　　　　本。

橋西南太平石營造新居，為致仕後返鄉生活做準備。在新居之所，孫氏自題
齋榜二：曰「邵嶼寓廬」，曰「聯床聽雨之齋」。又重書先世舊額「詒善堂」三
字匾，而另各為之跋。北齋三楹，作為孫詒讓歸時讀書之所，詒讓題名為：
「述舊齋」，別署「撣藝宧」。「邵嶼」為永嘉舊縣治所在；「聯床聽雨」象徵兄
弟友睦；沿用「詒善堂」之名表示對祖先遺訓和家族傳承的尊重——這些新
建築上在命名層面就帶有較為強烈的復古傾向，透露出恢復傳統鄉邦秩序與
維護家族倫理的意圖。在這次為營建新宅所作跋中，孫衣言分析了家族發展
現狀，並再次闡述了其鄉族構建的理想形態：

> 予性愛鄉居，先人敝廬本在盤谷，有山水之樂，歸田後，尚擬
> 重葺數椽，得以灑掃邱墓，與父兄子弟時時相見，共惇古□，稍避
> 市囂。今之所營，不過寓焉而已，非果安於此也。世衰俗薄，士大
> 夫出而仕宦，輒不敢回鄉里，且僑居數百里外，其意不過坐擁厚貲，
> 防人覬覦而已。豈知果能睦宗族，恤鄰里，何鄉不可以居。若恃勢
> 強橫，恣為刻薄，則高門鬼瞰。雖公孫瓚蒸土為城，亦有鼓角地中
> 之日，豈重門擊柝，遂可以自全哉！我子孫其深念之。〔註4〕

明明是為城內的新居撰寫跋文，孫衣言卻一再強調重返盤谷、回歸鄉居
的願望，他希望能通過自己的行動造就新興的詩書世家和道德楷模，進而寄
望子孫能夠謹守家族傳統。由是可見，與「父兄子弟時時相見」的大家族群
居理想並未因之前的挫折而變易。他以寓名廬，以示僅暫居之所。其在城營
宅，是其家族建設的一個步驟而非終點。他並不願也不齒士大夫在出仕之後
即背離家族、僑居外地的做法。這時的他在主動淡化身上科舉帶來的官方色
彩，自彰願與宗族鄰里和睦共居的意旨。聯想到鄉紳們對孫氏兄弟「恃勢強
橫，恣為刻薄」的指責，孫衣言也是在用這樣的言語和行動證明自己謀求鄉
族共榮的意圖，以重塑在地方紳民心中的形象。之所以使用公孫瓚「蒸土為
城」的典故，其實也是暗示安義堡的營建即使再牢不可破，也無法防備敵對
者滲入內部的「鼓角地中」。換而言之，孫衣言認為築堡固族的理念之所以一
敗塗地，其中的關鍵還是來自於孫氏一族內部的裂縫。孫衣言從家毀子喪的
痛苦中總結教訓：固若金湯的圍牆、顯赫耀眼的身份，也無法保障家族在地
方上的權威甚至安全，文化資本的積累和家族內部的緊密團結才是孫氏家族

〔註4〕（清）孫衣言：《邵嶼寓廬匾跋》，文集失收，轉引自孫延釗：《孫衣言孫詒讓
　　　父子年譜》，上海：上海社會科學院出版社，2003年，第129頁。

保持生命力的新方向。

在孫衣言看來，兄弟團結是構成家族倫理的基礎。從另一齋名「聯床聽雨之齋」可窺其意，此語出自韋應物詩句「余辭郡符去，爾為外事牽。寧知風雪夜，復此對床眠。」〔註5〕原意指兄弟間遙寄思念之情。孫衣言在此用其意比擬自己和孫鏘鳴之間的深厚感情。「兄弟」形象一直是孫氏家族形象建設的核心，其中原因不僅如孫衣言所說：「予與仲弟藥田，少小同學，既以求舉，同居京師六年」〔註6〕，共同進退，感情深摯，更是因為二人均在功名上有所成就，對鄉人的影響上能夠形成合力。是以孫氏兄弟三人，孫衣言常提及者卻僅孫鏘鳴。他常在文章中自比為蘇軾、蘇轍兄弟。同治二年（1863），孫衣言兄弟共同離鄉，一赴安徽任、一回京述職，衣言有詩云：「畫壁清香不少留，故山猿鶴為君愁。人間誰似東坡叟，日日聯床對子由。」〔註7〕此處沿用其意，而十餘年又已過去。此時孫衣言已過六十，自覺到了遊宦生涯的晚期，而孫鏘鳴則已休致多年。兩人既寄望傚仿東坡兄弟成為相親相愛的文化兄弟以切磋文藝，又希望晚年相守，共同鞏固鄉族、培養子弟。相比「父子兄弟相依倚老死而不相離」的畫面，孫衣言又為其添了幾筆墨色「兄弟二人相聚一齋，剪燭夜話，揚榷古今，有如坡、穎重見，而遲、過諸子，可奉色笑，所謂兩翁相對清如鶴者，何以過之」〔註8〕。他寄望子孫不僅能相守，還能成為「遲、過諸子」，把比附坡、穎的父輩精神與文化取好作為家風家學延續下去，讓自己的家族真正成為流傳綿長的文化家族。

在光緒元年題寫的三跋中，孫衣言為詒善堂所題最集中體現了其加強家族教育與管理的意圖。詒善堂為潘埭老宅之匾，老宅被毀後，孫衣言特重懸此匾。他自述意圖：

> 「詒善」二字，我先人垂示子孫，用意深遠，不可以片言盡，然求其大要，不過忠厚樸簡，不專利，不倚勢，安分守法，而子弟

〔註5〕（唐）韋應物撰：《示全真無常》，孫望編著《韋應物詩集繫年校箋》，北京：中華書局，2002年，第373頁。

〔註6〕（清）孫衣言：《聯床聽雨之齋匾跋》，文集失收，轉引自孫延釗：《孫衣言孫詒讓父子年譜》，上海：上海社會科學院出版社，2003年，第129頁。

〔註7〕（清）孫衣言：《送藥田還朝詩》，詩集失收，轉引自孫延釗：《孫衣言孫詒讓父子年譜》，上海：上海社會科學院出版社，2003年，第44頁。

〔註8〕（清）孫衣言：《聯床聽雨之齋匾跋》，文集失收，轉引自孫延釗：《孫衣言孫詒讓父子年譜》，上海：上海社會科學院出版社，2003年，第129頁。

務令勤苦讀書，則所以為善能自得之矣。新居既成，重書舊區，揭
之堂中。六十老人腕力漸弱，於書無能為役，而聰聽彝訓，以保身
保家，則無以易此言者，所願我兄弟子姓勿替引之也。〔註9〕

孫衣言以重書舊區來引導家族子弟，「不專利，不倚勢，安分守法」，並
能「勤苦讀書」。實際上是為了塑造與強化「家風」，充實努力營造的「文化家
族」的內部環境，這也是其接下來的種種措施如修訂族譜、制定族約、建設
祠塾等的要旨。

二、家族史建構

就個人而言，在表態上孫衣言是崇尚正本清源，反感妄談合族的。因此
針對強行牽合、攀附名人的流俗，他展示出的是不與苟同的姿態。孫衣言在
考辨孫氏樂安、富春二郡望時，曾有明言：「吾溫孫氏散居各縣，往往好言合
族，然考所從出，則多不同，族宜不可強合。」〔註10〕

然而在實際情況中，這種立場並非看上去般堅定，而是有很大迴旋餘地
的。其中最重要的原因就在於盤谷孫氏並非望族繁衍，也沒有累世簪纓的底
蘊，家族史中不但沒有顯達的先輩，傳承世代也存在含糊不清的空白期。出
於現實考慮，尤其在後期家族策略調整的大背景下，孫衣言雖然在族譜中拒
斥與他族強合，對於可資利用的鄉賢，有時也不得不借助血緣這個天然紐帶。
前所提及的孫希旦便是一例。

隨著孫衣言兄弟對孫希旦遺集的整理出版，孫氏對這個文化形象的使用
逐漸超越了沿著學緣與地緣線索串聯孫希旦與永嘉之學間的關係，而向親緣
方向擴展。當其時，盤谷孫氏族人中亦有攀孫希旦為同族者。對此，孫衣言
態度則頗為曖昧：

先生孫氏諱希旦……先世有諱桐彪者，自永嘉徙居瑞安二十七
都鄉曰集善里，曰昭德，其所居數丁百家，大抵皆孫氏，土人呼之
曰桐田，實桐乾。予居邑二十五都潘埭，與先生皆集善鄉人，而相
去約十里。予族望富春，而桐田孫氏望樂安，言譜牒者以謂皆出田
敬仲完之後，然莫能得其詳也。而先生之子涑與先通議府君及裕昆

〔註9〕　（清）孫衣言：《詒善堂區跋》，文集失收，轉引自孫延釗：《孫衣言孫詒讓父
　　　　子年譜》，上海：上海社會科學院出版社，2003年，第130頁。
〔註10〕　（清）孫衣言：《敬軒先生行狀》，《遜學齋文抄》卷六，清同治十二年（1873）
　　　　刻本。

與予兄弟皆相親愛，歲時往來若同族云。〔註11〕

對比前述對於孫氏樂安、富春二郡望的看法，孫氏此處的表述則顯得模糊許多。他雖然心知肚明「予族望富春」，而「桐田孫氏望樂安」，兩者並非同宗；卻借「言譜牒者」之語，將源頭遙指難得確證的「田敬仲完」，來含混本已清晰的界限。同時，又用自己兄弟與孫希旦後人如同親族般的親近友好，來暗示「二孫」之間的關係。

鑒於行狀之類文體形式受人所託，且需公之於眾，孫衣言尚比較含蓄，往往以鄉先生、邑前輩指代孫希旦。在更為私人的書寫中，孫衣言兄弟對於孫希旦的引為同族表現得更為明顯，並被孫氏後人所沿用，幾乎已成默認事實，下舉數例以示：

我瑞乾嘉以來能詩者，推我家敬軒編修及我舅項雁湖先生。〔註12〕

乾隆年間，我家敬軒太史亦自謂制義則透過來矣。〔註13〕

我家敬軒先生，乾隆戊戌（四十三年）廷對，以第三人及第……族子鏘鳴謹序。〔註14〕

同治戊辰三月族子某謹跋。〔註15〕

家敬軒先生，當乾隆初經學大師提倡未盛，先生獨闢途徑，研精三《禮》，博考精思，於《禮》經制度，參互研核，致多心得。〔註16〕

有清三百年間，吾瑞往哲以甲榜入詞林者七八人，鼎甲及第則我家敬軒先生一人而已。〔註17〕

〔註11〕（清）孫衣言：《敬軒先生行狀》，《遜學齋文抄》卷六，清同治十二年（1873）刻本。

〔註12〕（清）孫衣言：《曹先生墓表》，《遜學齋文抄》卷五，清同治十二年（1873）刻本。

〔註13〕（清）孫衣言：《詒善祠塾課約》，清刻本。

〔註14〕（清）孫鏘鳴：《禮記集解序》，胡珠生編注《孫鏘鳴集》，上海：上海社會科學院出版社，2003 年，第 21 頁。

〔註15〕（清）孫鏘鳴：《尚書顧命解跋》，（清）孫詒讓撰，潘猛補校補《溫州經籍志》，上海：上海社會科學院出版社，2005 年，第 60 頁。

〔註16〕（清）孫詒讓：《禮記集解按語》，潘猛補校點《溫州經籍志》，北京：中華書局，2011 年，第 178 頁。

〔註17〕孫延釗：《孫敬軒先生年譜序》，《孫延釗集》，上海：上海社會科學院出版社，2006 年，第 185 頁。

隨著時間推移，孫希旦被從孫衣言到孫延釗的孫氏家族三代人越來越自然地引介這位同鄉同姓作為親族，冠以「我家」之名並引以為傲。孫希旦幾乎成了孫衣言家族涉及學術話語時唯一反覆提及的家族成員，乃至最後堂而皇之地進入家族史敘述。隨著孫氏輻射力的增強，越來越多人已經相信二孫的同族同源，在當時已經被有意無意地當作事實予以記錄，如項傅霖之子、孫氏兄弟之表兄弟項琪為《禮記集解》所撰序中即稱「先生族子琴西、薽田昆仲」云云。至今仍有後學者被其影響，接受沿用了這種說法，誤以其確屬同族〔註18〕。

當然，僅靠若有若無、真偽難辨的「家族前輩」遠不足以夯實家族的歷史傳承脈絡。為了給鬆散的盤谷孫氏建構一個明確且統一的家族史譜系，孫衣言兄弟在光緒初年營造新居的同時，對族譜進行了增修。族譜的修訂在宗族繁衍中扮演了世系史料的重要意義，它需要「盡可能完整地反映宗族直旁系各分支、各世代的人口總數、性別比例、婚姻範圍、生卒年齡、遷移定居、社會活動等生活情況，尤其是注意彙集非名人高官的普通族人的資料」〔註19〕。完善精細的族譜能夠清晰勾畫家族發展軌跡，並定位成員在家族秩序中的位置。孫氏此次修譜目的即為散亂斷裂的家族史確定統一的敘述口徑，從而理出唯一的家族繁衍路徑。

修訂後的《盤谷孫氏族譜》共八卷，體制上具備了士紳家族族譜的一般規模，各卷前均有孫衣言撰序。作為族眾追根溯源的線索，首卷按照常例有《孫氏得姓考》概述史傳所載孫氏得姓成族的經過源流。此卷內容其實是明清以來流行於譜牒中遠代世系敘述的一種委婉表達。可能是考慮到孫氏家族的繁衍過程本就疑問頗多，孫衣言沒有傚仿當時流行的體例，把「宋代以前的遠代祖先同近世祖先的系譜連接了起來，構成了能夠同近世始祖直接連接起來的遠代世系」〔註20〕。可見他修譜的整體態度還是偏向於謹慎的，為了證明其勾勒的家族歷史記憶有據可考，《得姓考》後還錄有《元和姓纂》《〈廣韻〉注》《新唐書·宰相世系表》《通志·氏族略》《古今姓氏書辯證》等各種

〔註18〕參見朱瑞平《孫詒讓小學謏論》（北京：商務印書館，2005 年，第 232 頁）、尹燕《陳黻宸學術思想研究》（杭州：浙江人民出版社，2011 年，第 46 頁）等。
〔註19〕錢杭：《宗族的世系學研究》，上海：復旦大學出版社，2011 年，第 64 頁。
〔註20〕劉志偉：《明清族譜中的遠代世系》，《學術研究》，2012 年第 1 期，第 90～97頁。

史料，以資證實。

　　宋儒有云「管攝天下人心，收宗族，厚風俗，使人不忘本，須是明譜系世族與立宗子法」〔註21〕，此道被後人奉若圭臬，孫衣言也是如此。《盤谷孫氏族譜》卷二《世系表》記錄各代世系傳承，入表者凡可考者，均書以字、號、官爵、生卒、妻妾、子女及其佚事、葬喪等，譜法兼採歐蘇。在表前序中，孫衣言強調了修訂家譜、梳理家族史對於孫氏家族的意義。孫氏家族缺乏嚴密的宗族系統管理，而且「譜牒散亡，各支世次往往無考」〔註22〕，通過家譜以凝聚累經動亂的孫氏家族，重要性也就不言而喻了。孫衣言指責重妻子「私愛」的時尚，對傳統家族的孝悌秩序造成的威脅，他警惕「有父母而視若路人」、「有兄弟而視若仇讎」〔註23〕的現象，力求鞏固和團結家族。這當是孫氏有感而發，以安義堡團結族眾的願景遭到冷遇，在金錢會事件中又被同屬盤谷孫氏一族者背叛，這讓孫衣言意識到家族歸屬感與凝聚力的匱乏。擁有共同的歷史本是家族成員形成認同的條件，但是長期以來家族史中大幅的缺斷、錯漏、混亂乃至空白，為孫衣言的家族史書寫造成了很大困難。於是《盤谷孫氏族譜》中的《世系表》不僅是對家族世系的簡單陳列，更承載了填補孫氏家族史空白的使命。

　　《世系表》上溯至始遷祖孫惟睦。孫惟睦為五代時人，從福建長溪遷至浙南，定居瑞安盤谷。自是時起，孫氏在此生息，未再整體遷出。但盤谷孫氏自始遷祖以降，第二、三、四世皆無可考。間有五世祖孫叔傑的記載，知其為宋紹興二十一年（1151）進士，曾知沅州。此後第六世至第十三世均從缺。不獨名諱履歷從缺，據孫氏自述，期間究竟存有幾世幾代亦無記錄。因期間譜牒散佚，事蹟湮沒無聞，孫衣言只能靠非常粗略的推斷得出結論：「閱北宋百六十七年、南宋百五十二年、元八十九年，共四百年，以三十年為一世，計當得十三世……自紹興至明初，必得八世」。故而期間世系起止，準確度自然難以保證。即使如此，孫衣言也要用存在相當大疑問的世代計算來填滿漫長的空白期，並且言之鑿鑿「必得八世」，不願就此從缺，用心可謂良苦。對於士紳家族對於世系的高度重視，有學者認為：「宗族要在社會上立足，就需要有

〔註21〕　（宋）張載：《理學經窟·宗法》，章錫琛點校《張載集》，北京：中華書局，1978 年，第 258 頁。
〔註22〕　（清）孫衣言：《盤谷孫氏族譜》卷二，清光緒間刻本。
〔註23〕　（清）孫衣言：《盤谷孫氏族譜》卷二，清光緒間刻本。

明確的世系，和一個能被文化傳統所認同的宗族的歷史，這是宗族給予社會成員的用於證明其社會身份和社會權利的特殊資源。而當這一切由於時代和戰火的掩埋變得模糊不清時，人們就依靠本群體的力量來回憶、確認、澄清、補足，直至重造這些資料」〔註 24〕。

　　第十五、十六世雖有記載，亦只存名諱，無字、號、事蹟，可見相關資料仍甚簡略。兩世均係單傳，不知是否材料缺失使然。直至第十八世，孫氏開始連續有比較詳細完整的記錄。然而此後仍有難以確證之處，從二十二世開始分房（龍隱公房、光英公房、吉生公房、協生公房），四房各自生衍後才基本能夠落實到每位成員的姓名。

　　孫衣言一支出自吉生公派下禮庵公房，自孫衣言祖父孫振鐸始讀書，為邑庠生。如前所述，孫衣言祖、父兩代均與瑞安名族項氏聯姻。《世系表》是孫衣言兄弟家族史書寫的核心工作，目的在於為了使憑藉科舉而崛起的家族能夠淵源有自，也為內部存在隔閡分歧的各支族眾能夠認同一條共有的歷史路徑。卷末尚有孫衣言《識佚》、孫鏘鳴《小二房辨誤》二文，均屬糾正舊譜訛誤、考辨家族分支之作，由此可稍見二人借族譜釐清家族傳衍路徑、團結各分支的用心。孫衣言對盤谷孫氏各支的要求也從服從其所制定的鄉族活動規劃，降低到能夠一致對外，不再重現內部鬥爭、兄弟鬩牆的悲劇，至少能「雖紛而無淆，雖疏而弗絕」〔註 25〕。

　　考慮到家族史仍然頗多闕疑，為家族將來的命名方法制定軌範，也是孫氏兄弟重修族譜的重要目的。卷三《行第表》即立意於此，主要用以規定家族行第。行第即所謂排行，同輩人使用於名中使用同一字，以成為在名義上維繫族眾的紐帶。孫衣言認為遵守行第，是「先王之禮」的變體，能使同族子弟「問其名即可以知其世」，有益於維持家族秩序和保持同族間的聯繫。這是對「吾家譜牒久佚……近來族姓繁衍而多不讀書，取名尤無義類，甚有以兄弟叔侄而名諱相犯者」〔註 26〕的狀況作出的應對措施。對目前家族中存在的混亂情況進行糾正。孫衣言對此甚為重視：「行第不明，豈獨世次之分無可辨別，其凌尊犯齒、背禮棄義，以趨於禽獸之途者，甚易也。」〔註 27〕

〔註 24〕　錢杭、謝維揚：《傳統與轉型：江西泰和農村宗族形態》，上海：上海科學院
　　　　　出版社，1995 年，第 94〜95 頁。
〔註 25〕　（清）孫衣言：《盤谷孫氏族譜》卷二，清光緒間刻本。
〔註 26〕　（清）孫衣言：《盤谷孫氏族譜》卷三，清光緒間刻本。
〔註 27〕　（清）孫衣言：《盤谷孫氏族譜》卷三，清光緒間刻本。

　　就家族內部而言，《行第表》的制定也是以孫衣言一支的絕對中心地位和相對的獨立性為前提。孫氏所用《行第表》名行以孫衣言兄弟輩始、廟行自孫振鐸輩始，各制五十六字，其餘族眾均需予以遵守。下篇又制人、世經、人緯、世別、廟行，每十二世為一部，將孫氏祖先「已歿而可考，及族人之見存者」，均列入表中，其收聚族人之意可見一斑。通過制定行第，孫衣言希望能為家族的長期團結與發展提供保障，「考生齒之盛衰，以驗世澤之厚薄，而益使所以陪護之」〔註28〕。

　　族譜卷四為《生卒表》，以記錄族人生卒年月。在序中，孫氏自道「嚴忌日之祭」的重要與執行起來的難度，並從自我起進行了反省：「追遠事亡，自予兄弟即不能盡其禮，又何責族人之無知者哉？」〔註29〕但這種反省其實隱含著對自己兄弟文化身份和道德素養的優越感，同時也有暗藏對「族人無知」而給自己帶來傷害的往事依然耿耿於懷。

　　《賢秀表》與《節孝表》亦為此次修訂族譜的重點項目。有學者認為通過族譜建立的「話語傳統一旦建造出來，就很難逆轉」〔註30〕。從這種角度上，在家族先賢的比較中不佔優勢的孫氏家族需要從現有的資源中抽析出可資建立話語傳統的資本，最佳方案就是為家族的「名人堂」擴容。《賢秀表》記錄家族子弟中，學行出眾，科第有成者；《節孝傳》旌揚家族孝子節婦，以彰顯德才兼備。這兩個家族傑出人物的榜單，實際上指向著孫衣言追求的家族榜樣：「詩禮傳家」。

　　科舉成功對於孫衣言兄弟影響力的擴大至關重要，也是孫氏兄弟藉重國家權威與地方官員展開長期博弈的基本依據。孫氏對此有明晰的自覺意識，即使在金錢會事件後一定程度上淡化了科舉光環，但對於這一傳統社會下成名發家的最重要途徑，孫氏還是將其視作評價族中子弟的基本標準：「科第仕進之說雖處於流俗，而光耀門戶，實必賴之」〔註31〕。他試圖找到求功名和敦德化之間的平衡：

　　　　吾兄弟遂以非才竊取上第，入陪禁從，出秉使節，聖主之恩，
　　　　亦先人之慶也。而自維不肖，以視先宣義鴻臚之好義博施，先大考

〔註28〕（清）孫衣言：《盤谷孫氏族譜》卷三，清光緒間刻本。

〔註29〕（清）孫衣言：《盤谷孫氏族譜》卷四，清光緒間刻本。

〔註30〕張愛華：《族譜話語與權力表達——明清涇縣張香朱氏系列族譜研究》，華東師範大學博士學位論文，2012年，第87頁。

〔註31〕（清）孫衣言：《盤谷孫氏族譜》卷五，清光緒間刻本。

之篤行恭儉，邈乎未能，烏在其為賢耶！然我孫氏，自沅州府君以
進士起家，吾兄弟又皆以甲科策名盛時，諸父兄子姓輩又累累遊黌
序、舉鄉闈矣。……而欲有所建立以光前人之業，樹後人之望，又
未嘗不出於仕宦科名，要之以學行為本。夫科名仕宦，國家之所以
待賢者也，我子孫欲出乎此途，則必先履乎其實。〔註32〕

　　孫氏兄弟自以科舉成功為驕傲，同時又要反覆強調祖輩「好義博施」「篤
行恭儉」才是源遠流長的家風所在。他們既希望後輩能複製其舉業上的成就
步入仕途，為家族提供蔭蔽，又不願他們流於功利，一味沉迷科名。孫衣言
藉此聲明他樹立《賢秀表》、標榜子弟中舉業成功者的最終目的，是鼓勵子弟
夯實學行基礎、傳承家風，而非僅僅謀求一官半職。

　　孫氏子弟鄉舉、會試及恩、拔、副、歲乃至優貢有成者，均載入《賢秀
表》。當然在家族「文化轉向」的情境下，孫衣言格外強調科舉對於學行程度
的象徵意義，以突顯自家作為「文化家族」的名副其實。他如是陳述：

衣言方與仲弟鏘鳴約增祠田，創義塾，聚書延師，教育子弟。
以朱子小學培其根本，而廣之以歷代之史、杜馬之典，考天下郡國
之圖經，博觀約取，以庶乎鄉先哲薛文憲、陳文節、葉文定之徒，
復振永嘉之學。至於劉向、賈董之議論，韓、歐陽、蘇氏之古文，
李杜蘇陸之詩，古今文章之極觀也，而科舉之士所謂時文者，自韓
氏、朱子皆以勖其子弟，亦以致勤而求精焉。〔註33〕

　　由此可以看出，孫衣言兄弟文化家族塑造的雄心所在。他們有意識地把
永嘉之學這一被歷史隱沒的鄉學傳統，置諸族譜所維繫的家族傳統序列中，
以推動鄉學的家學化。同時勾連起了另外兩條內生性的家族文化線索：文統
和科舉，這在嚴格意義的學術敘述上是混雜的，但卻盡最大的可能豐富了家
族文化的包容性和延展性。更值得注意的是，孫衣言這段話把鄉學與傳統社
會的主流學術統系也聯繫起來，為後輩選擇家學的未來走向開闢了空間。

　　與《賢秀表》側重於家學相比，《節孝表》的書寫與塑造家風關係更為直
接，孫衣言自號「詩禮傳家」，如果「詩」是象徵家學層面的賡續，「禮」則是
對於傳統道德近乎嚴苛的遵守。他追憶祖母項太夫人「年七十餘矣，未嘗一
見外親；我母丁太夫人之教兩妹，雖中表兄弟不得相見，此我家子孫百世之

〔註32〕（清）孫衣言：《盤谷孫氏族譜》卷五，清光緒間刻本。
〔註33〕（清）孫衣言：《盤谷孫氏族譜》卷五，清光緒間刻本。

法也」〔註34〕。他以家中女性恪守婦德為榮〔註35〕，對於「近日都會之地，人物豐盛之邦，高門大族，婦女往往輕出閨梱，客主不避，族人外姻，聚處談笑，若一家然，恬不為怪」〔註36〕的時尚大加撻伐，以建立與維護自家節義家族的形象，以糾正俗謬自居。

卷七為《祠祭分支表》，用以規定各處祀產輪值分支的次第。有學者指出：「如果說祠堂、家譜主要用於從精神上訓導族眾『尊祖敬宗』，那麼族田則主要通過物質利益關係來達到『收族』的目的」〔註37〕。兩者相互配合，不可偏廢。孫氏當編訂族譜之時，共有從宋朝的寧四府君孫叔傑以後各代的祀田七支。孫衣言為明示全族祠祭輪值的次序，分別離合親疏之異，親撰分支祠祭考七篇：《大清明眾分支考》、《小宗眾分支考》、《莊底眾分支考》、《青石墳眾分支考》、《六房眾分支考》、《馬嶼眾分支考》、《孫三眾分支考》。此外，尚有《永思堂祀田記》，所記者為孫衣言祖父資政府君孫振鐸所置，由孫衣言兄弟三人分年更值，供其高祖、曾祖、祖父及父之祠祀。《祠祭分支表》列有上述各支祀田戶號及坐落土名。這些祠產大多在孫衣言之前早已置得，並形成了已成定制的輪值順序。可見孫氏族眾各支雖然互相聯繫並不緊密，但各分支宗族產業的共有和使用規則還是有條不紊地進行著的。孫衣言兄弟並不是孫氏宗族制度尤其經濟制度的創立者，他們只是試圖拉近各支之間的關係，並將之統合在自己的領導之下，這在族規的制定中更為明顯。

卷八為《藝文略》。孫氏既非綿長久遠的家族，其著稱於世僅在孫衣言一輩。《藝文略》所收錄的孫氏著作多為追贈孫衣言祖、父的誥敕，孫氏兄弟及他人為撰孫衣言祖、父墓誌銘若干，墓誌銘均附有孫衣言對於作者身份事蹟的考證。之所以為此寥寥數篇，專闢藝文一卷，既是為了抬升家族歷史中的文化底蘊，也是凸顯孫衣言一支在盤谷孫氏中的領導地位。

三、族規制定

光緒七年（1881），在初步完成了家族史的建構之後，孫衣言在此基礎上對家族的整體規劃和管理提出更高的要求。為達此願，孫衣言手定《盤谷孫

〔註34〕 （清）孫衣言：《盤谷孫氏族譜》卷六，清光緒間刻本。

〔註35〕 參見孫衣言《顯考魯臣府君妣丁太淑人行述》（《遜學齋文鈔》卷六，清同治十二年（1873）刻本）。

〔註36〕 （清）孫衣言：《盤谷孫氏族譜》卷六，清光緒間刻本。

〔註37〕 馮天瑜：《中國文化生成史》，武漢：武漢大學出版社，2013年，第490頁。

氏族規》三十五條，並令族人載入族譜。盤谷孫氏構成鬆散，在此次制定族規之前，尚無明確統一的族規。是故孫衣言的族規制定試圖就此奠定家族發展的各項準繩。在家族或者宗族管理層面，家法與族規往往是混同的，區別主要是生效範圍和制定者，「家法的訂立者一般是家長本人，族規的訂立者可能是始遷祖，也可能是族長，或是數位族尊」〔註 38〕，孫衣言既非尊長，卻以「盤谷孫氏」為名，其以功名聲望統合全族的目的是顯而易見的。

在此次制定族規的過程中，瑞安孫氏明確了領導和管理團隊。然而兩者又是若即若離的。族長以及兩名族副是名義上的家族領導者，由族中年輩最尊者擔任。這與許多同時期的族規有所類似，不以「血緣房分地位」，強調「年長、經驗豐富、處事明達」〔註39〕。這三位領導者享有崇高的地位，凡族人舉辦酒食之會，均必須邀請族長。在大祭中族長自為一席，並有晚輩陪坐。但族長、族副所需承擔的主要責任與實際權力，僅是「遇大祭時請到祠中彈壓子姓，糾察行禮……俾各就其位，無許凌躐」〔註40〕。在孫衣言的家族秩序中，族長實際上只是虛位，體現家族對長者的尊重，也是展示對儒家尊卑秩序的遵守。之所以虛化族長的實權，一是考慮到族長只是年輩尊者居之，能力名望未必足以維繫孫氏作為大族尤其文化大族的地位；一則是避免族長、族副仗年輩之尊壟斷家族的管理權。即使如此，族長還需受到族眾的監督，「如族長行為不足為族人重，則族正邀同族副到祠，告於祖宗，於族副中擇一代之。另推一人補足族副。」由此可見，族正才是在族中真正享有實權的職務。

清代的族正始於雍正年間的保甲法，以為之輔弼，如有學者所說「清朝治理廣大鄉村社會主要的手段是保甲與鄉約，而在宗族實行保甲、鄉約，遂產生了族正與族約」〔註41〕。時至乾隆後期，族正制已然被官方所放棄〔註42〕，

〔註38〕費成康：《論家法與族規的分野》，《政治與法律》，1998 年第 4 期，第 45〜47頁。

〔註39〕馮爾康：《清代宗族族長述論》，《江海學刊》，2008 年第 5 期，第 144〜154頁。

〔註40〕（清）孫衣言：《盤谷孫氏族規》，張憲文整理《瑞安孫氏規約數種》，莊建平主編《近代史資料文庫第 10 卷》，上海：上海書店出版社，2009 年，第 97頁。

〔註41〕常建華：《鄉約、保甲、族正與清代鄉村治理——以凌燽〈西江視臬紀事〉為中心》，《華中師範大學學報》2006 年第 1 期，第 71〜76 頁。

〔註42〕參見常建華《試論乾隆朝治理宗族的政策與實踐》（《學術界》，1990 年第 2期，第 61〜67，96 頁）。

但閩、粵、贛等地區猶有部分地區保留或復行。有學者認為，族長「是由宗族自行確定」，而族正則「為官府所立，由官府認定，充任人員是由功名者和族尊」〔註43〕。所謂為官府所立，很多時候是「由宗族內部選舉出來，再經州縣『查驗確實』，給予牌照產生」〔註44〕。大多數情況下，族正是國家監控宗族發展乃至「遏制宗族實力膨脹」〔註45〕的手段，但在孫氏的個案中，族正的官方色彩愈趨淡化，他們主要負責的對象是家族而非官府，是向內的而非向外的。

在孫衣言眼中，族正卻是家族內部統一目標並予以實現的監督者與實際領導者。這與金錢會後孫氏家族與地方官府相對疏遠的關係有關。儘管與官方推行族正制的初衷相去甚遠，但孫氏族正的職責卻依然重要，他們需要督導家族發展沿著孫衣言兄弟的規劃路線前進。正因族正地位重要，他的資質要求比起族長、族副這些虛位領導，有過之而無不及。孫衣言要求族正要「讀書好學」且「年富力強」，每年兩人輪值，一共四人。族正的職責就是「總理一族之事」〔註46〕。前述孫衣言所作的種種歸納總結家風的成果，均需由族正傳遞給後輩子孫。每年正月，族正需挑選吉日，在祠中召集族中晚輩宣講祖訓，「務在詳明剴切，使族人皆能感動」〔註47〕。而每逢族中最盛大的活動──大祭，族正更是需要總理所有祭前準備、祭中糾察行禮、祭畢安排享餕位次的工作，族正之妻還需負責督率族中婦女謁祠。

族正在族中的權威不僅體現在對具體事務的主持上，更表現為對家族發展方向的把控和對家法的秉執上：

> 凡族中之事務，上遵國法，恪守祖訓，族人有妄作非為者，告
> 於族長、副及族中之有爵位者，以家法治之。其有口角細故及因戶
> 婚、田土而訴爭者，如據實在族正處具稟，族正會同察核，別其是

〔註43〕馮爾康：《政府規制與民間輿情的互動──以清代族正制度內涵及存廢推展為中心》，《社會科學輯刊》，2011年第2期，第120～125頁。

〔註44〕常建華：《清代族正考論》，《社會科學輯刊》，1989年第5期，第91～96頁。

〔註45〕常建華：《清代族正考論》，《社會科學輯刊》，1989年第5期，第91～96頁。

〔註46〕（清）孫衣言：《盤谷孫氏族規》，張憲文整理《瑞安孫氏規約數種》，莊建平主編《近代史資料文庫第10卷》，上海：上海書店出版社，2009年，第97頁。

〔註47〕（清）孫衣言：《盤谷孫氏族規》，張憲文整理《瑞安孫氏規約數種》，莊建平主編《近代史資料文庫第10卷》，上海：上海書店出版社，2009年，第97頁。

非曲直,則以理為之勸解。若族人理直,為外姓所欺,則以祠規具
呈,為之公稟,務令息訟而已,毋求勝人。凡祠田及族人應完田糧,
先期稟明官長,發給由單,為之核算實數,各按上下兩忙應完之數
照數完納,無許分毫短欠。……凡祠中一切用度,皆先期開出,付
管賬族人按款給發。每季令帳房呈帳查核。祠中懸一粉牌,凡族人
生子女、娶婦、嫁女,族正應隨時將子女名字、生日及婦家姓氏、
婦之生日、婿家姓名書於牌上。每年十二月底,將牌上所列匯入祠
譜草簿,以備增收。屆五年修譜之時,續入刻印。以前已定之譜,
不許妄有更動。〔註48〕

　　作為家族內部的監督者和實際管理者,族正並不具有直接以家法處置他
人的權力,需要經由名義上的領導者族長、族副以及族中有爵位者同意,獲
取合法性的庇護。這也是孫衣言強化家法與國法一致性的措施。至於家族與
外人的口角乃至爭訟,族正有權力與義務從中斡旋調和,其宗旨是「息訟」,
避免經多年努力才漸漸平息的與外族之間的矛盾再次點燃。而祠田完納至族
人生子女、娶婦、嫁女等一應事務也都是族正需要留意者,以維護祠田族產
的正常經營以及家譜的長期穩定更新,避免家族賡續再次陷入長期的中斷和
空白。

　　孫衣言既希望通過設立族長、族副表達尊老即尊重血緣的目的,又要通
過設立有經濟、政治、文化能力者為族正保證家族在其精心鋪設的軌道上行
進。更重要的是,族規是對族眾從行為到思想實施「社會控制」〔註49〕的制
度工具。孫衣言一支在家族中的話語權並非通過年輩獲得,而是倚仗政治與
文化權威取得,只有突出這一資本的重要性,才能使孫衣言兄弟及其子孫有
資格掌控整個家族的發展方向。這一點從孫衣言、孫鏘鳴兄弟及其子嗣都擔
任過族正職務可見一斑。

　　對於賞善罰惡、扶老助孤的各項具體措施,族規也都有明文,以示對傳
統社會基本倫理道德的恪守。在這些條目中,孫衣言特別強調了對於兄弟分

〔註48〕　（清）孫衣言:《盤谷孫氏族規》,張憲文整理《瑞安孫氏規約數種》,莊建平
　　　　　主編《近代史資料文庫第10卷》,第97頁。
〔註49〕　據唐力行的研究,族規的控制包括廣義控制和狹義控制。按照這種理解,瑞
　　　　　安孫氏的案例強調用儒家倫常來規範世俗秩序,屬於廣義控制的類型（參見
　　　　　唐力行《延續與斷裂:徽州鄉村的超穩定結構與社會變遷》,北京:商務印書
　　　　　館,2015年,第105頁）。

居行為的憎惡。他以「兄弟析居最為不幸之事」，以浦江鄭氏「同居至十九世未嘗異食」這一普遍認可的家族典範為楷模，並約定「凡父母在堂即議分居者，以不孝論，斥出祠堂。俟犯斥者故後，再准其子入祠」〔註 50〕。可見其父子兄弟相守以老的終極理想依然未曾變易，只是實現方式作出了調整。

孫氏宗祠的大祭，其實當屬時祭，每年兩次，分別是春之清明與冬之長至。「每次大祭先三日，族正於祠前懸掛齋戒牌」〔註 51〕。有資格致齋也是在族中享有相當地位的體現，族長以降，「宗子、族正、族副及族中有爵位科名及生、監」均須致齋〔註 52〕。不難看出，這是血緣與政治文化地位兩種評價標準並行的結果。通過祭祀這種儀式，孫衣言在族規中的尊卑理念得到了具體化，享有年輩和血緣優勢者和具備社會地位優勢者在家族中得到了統一。祭前族正、族長、族副需要為祭祀準備好一切應用之物，請出始祖神主。祭筵上，中央祭始祖，左祭高、曾、祖、禰。祭祀位次，嚴格以輩分為序，同輩則以年齡為序。祭祀過程中，凡具官方身份者，「生監以上至品官皆公服」，「余俱常掛纓帽」，不得穿著便衣，直至祭畢享餕之時才允許釋服就位〔註 53〕。與同時同區域其他宗族大祭時懸掛「曾獲科甲之先祖的圖像」〔註 54〕相比，孫衣言自知家族的功名史不足稱道，就寄希望於現在的勳業成就與將來的發揚光大來彌補過去的空白。

孫衣言對於族眾血緣、政治、文化身份的重視，同樣也是與自身經濟實力有關。因其兄弟在家族中均屬較為殷實富庶者，所以有資力通過經濟投入介入族產管理與建設，不徒以政治權威為威儡。這點在義莊建設上最為明顯。孫衣言個人欽慕范氏、鄭氏等大族義莊的建設，以其為家族長期發展的有力保障，一直有心傚仿。但他也意識到義莊建設需要有穩定的經濟基礎為後盾，

〔註 50〕 （清）孫衣言：《盤谷孫氏族規》，張憲文整理《瑞安孫氏規約數種》，莊建平主編《近代史資料文庫第 10 卷》，上海：上海書店出版社，2009 年，第 99 頁。

〔註 51〕 （清）孫衣言：《盤谷孫氏族規》，張憲文整理《瑞安孫氏規約數種》，莊建平主編《近代史資料文庫第 10 卷》，第 100 頁。

〔註 52〕 （清）孫衣言：《盤谷孫氏族規》，張憲文整理《瑞安孫氏規約數種》，莊建平主編《近代史資料文庫第 10 卷》，第 100 頁。

〔註 53〕 （清）孫衣言：《盤谷孫氏族規》，張憲文整理《瑞安孫氏規約數種》，莊建平主編《近代史資料文庫第 10 卷》，上海：上海書店出版社，2009 年，第 100 頁。

〔註 54〕 姚周輝、何華湘等：《宗族村落文化的範本——溫州永嘉岩頭金氏宗族村落文化研究》，杭州：杭州出版社，2011 年，第 92 頁。

「非有田一千餘畝，收穀二十餘萬斤，則不能長贍一族」〔註55〕。族田是維繫家族的制度設施正常運行的經濟基礎，明清時期，政府對於士紳宗族置辦族田持開放乃至鼓勵態度，這也是明清族田義莊風行全國的重要外因〔註56〕。孫氏最為重視的修譜、修祠、祭祀都需要族田提供財務保障。如不以自己兄弟祠田收入作為義莊的經濟來源，將很難說服其餘族眾致力於此。同理，如不在經濟利益上做出犧牲、予以投入，僅憑藉政治威望所制定的族規在原本鬆散的孫氏家族模式中也難以得到長期遵守。所以孫衣言將其與孫鏘鳴、孫嘉言兄弟三人「每年祠田所入，盡行另儲，每冬間置上腴田十餘畝」，以期「祠產逐年增益，十年以後，便可議及義莊規制矣」〔註57〕。對於此，除了義莊，孫衣言之後還有進一步投入。光緒九年（1883），他為高、曾、祖、禰各置祀田四十畝，學田十五畝，為族中子孫值祭讀書之用。

當然，孫衣言為家族所作的計劃，遠不止十年。對於家族的長期發展，孫衣言最留意者，一是修譜。孫氏家譜的長期空白給梳理家史、凝聚族眾帶來了極大困難。為了避免類似情況重現，他申明「修譜為族中第一要事」，命「每年將譜底草本裝訂二十四本，發各支之粗解識字者，令其將一支中添生子女、嫁女、娶婦及亡故者，一一登注年月日時、乳名、女家婦家姓名、籍貫、有無科第官職」〔註58〕。此外，孫衣言規定每五年刊印新家譜一次。

另一被孫衣言認為關乎家族遠景的即家族成員的婚嫁之事。在傳統社會中，對於維持精英階層的生活方式與社會地位而言，婚姻的意義非常重要。尤其在大族之間，婚姻在「確立一個地區領袖家族聯盟的過程中」〔註59〕往往扮演了重要的角色。孫衣言把能否遵守孫氏族規作為能否結親聯姻的前提，

〔註55〕（清）孫衣言：《盤谷孫氏族規》，張憲文整理《瑞安孫氏規約數種》，莊建平主編《近代史資料文庫第10卷》，上海：上海書店出版社，2009年，第101頁。

〔註56〕明清官方鼓勵族田義莊的舉措，參見葛金芳《中國近世農村經濟制度史論》（北京：商務印書館，2013年，第158頁）。

〔註57〕（清）孫衣言：《盤谷孫氏族規》，張憲文整理《瑞安孫氏規約數種》，莊建平主編《近代史資料文庫第10卷》，上海：上海書店出版社，2009年，第101頁。

〔註58〕（清）孫衣言：《盤谷孫氏族規》，張憲文整理《瑞安孫氏規約數種》，莊建平主編《近代史資料文庫第10卷》，上海：上海書店出版社，2009年，第101頁。

〔註59〕（美）伊沛霞著，范兆飛譯：《早期中華帝國的貴族家庭：博陵崔氏個案研究》，上海：上海古籍出版社，2015年，第75頁。

具體到結姻條件，孫氏有十六條原則：「可以結姻者八種：一、累世讀書，一、講學儒門，一、山林隱逸，一、孝子節婦子孫，一、富而好施，一、貧而能守，一、勤儉安分，一、少年好學子弟；不可結姻者八種：權門貴官，一、富商大賈，一、訟師土豪。一、無端暴富，一、父母無行，一、少年不學子弟，一、家業位分相去太遠」〔註60〕。以此可以看出他的嫁娶觀與家族整體策略的一致，究其根本仍然是在「門當戶對」基礎上的變通，反映了當時士紳家族的主流特點。

第二節　家族教育與地方教育

一、詒善祠塾的設立

　　族學是指清代宗族為教育子弟，延續家族發展而開辦的學塾，通常有祠塾、家塾、義塾等名稱，其基本形式有「由宗族設立的義學，或富有人家的家塾」〔註61〕。族學之設，「與祠堂、族產、族譜、祖墳同樣是宗族的一種實體、一種載體」，它擔負著「維持家族既定秩序」、「灌輸知識和倫理道德」〔註62〕的任務。族學的設立和維持對於宗族有更高的要求，它不僅要求宗族或者家族在財力上能夠負擔族學的長期運行，還需要有比較完善的制度保障族學教育的質量，所以擁有具有較高質量的族學，也是衡量宗族實力的重要標準。正在家族發展策略轉型期的孫氏家族，正需要通過各種方式樹立文化家族的形象，提升自己對於地方文化教育事業的話語權。此時，建立一個規範化、高質量且與家族發展整體方向相協調的族學體系就顯得尤為重要。

　　大宗族開設族學之風，其來有自，有學者認為族學的產生可上溯至漢代〔註63〕，經過魏晉乃至隋唐時期的發展，在宋代以後漸趨普遍。其中以宋代的范氏義莊族學名聲最著。對於宗族，范仲淹曾說過「為其宗族者，宅於斯，

〔註60〕 （清）孫衣言：《盤谷孫氏族規》，張憲文整理《瑞安孫氏規約數種》，莊建平主編《近代史資料文庫第10卷》，上海：上海書店出版社，2009年，第102頁。

〔註61〕 王善軍：《宋代宗族和宗族制度研究》，石家莊：河北教育出版社，2000年，第108～109頁。

〔註62〕 王日根：《明清東南家族文化發展與經濟發展的互動》，《東南學術》，2001年第6期，第23～29頁。

〔註63〕 參見毛禮銳、沈灌群主編《中國教育通史》第七節《漢代的私學教育》（山東：山東教育出版社，1986年，第101～127頁）。

學於斯」〔註64〕。宋代的族學為後來的家塾或祠塾奠定了內容框架，即「以蒙學為本，以儒家倫理為體」〔註65〕。但其內容與指導思想的整體框架是從屬在科舉主導的教育體系之下的。有學者認為，「絕大多數書院的教學目標、教學內容和課程設置都圍繞科舉制度進行，書院幾乎成為科舉育才機構。」〔註66〕沿著這種視角，在為科舉服務這條線索上，家塾教育與書院教育是統一的。

以「祠塾」為名，在當時也並非孤例，許多宗族設立族學，均以祠塾為名，如乾隆時期的青浦王氏祠塾以及阮元所辦北湖祠塾等。在浙江地區，借祠堂之地開設學塾更是非常普遍的做法，從宋代至民國時屢見不鮮〔註67〕。這一方面強化了家塾子弟對家族的認同，一方面也是因為許多祠塾的經濟來源是從祠產收入中劃出一部分用於教育，並且其運行與管理也需要通過祠堂進行〔註68〕。所以以祠塾為名，既是因為家塾的位置在「資政大夫孫公詒善祠」之西；也是在力圖提升家族地方輻射力的同時，強調孫氏家族對於詒善祠塾的所有權與領導權。此外，作為後起且經歷過重創的家族，詒善祠塾的興辦也是孫衣言繼編纂家譜、梳理家族史之後又一樹立家風、建立家族文化傳統的措施。

族學的設立與維持需要相當程度的經濟基礎，要求家族在經濟上予以保障與支撐。詒善祠塾既以祠為名，其設辦是以孫氏祠為依託。光緒初年，任職皖省的孫衣言已經未雨綢繆，為致仕以後歸鄉作準備，在瑞安城北宋都橋南營造新居。同時，孫氏在新居之西建立本支支祠。支祠形制如下：

> 祠為三層，每層三架，最後一層安奉栗主。左右翼為走廊，前為繚垣，門楣榜曰「詒善祠」，用我先人泮埭舊居堂名也。詒善祠前為大廳三架，又前為門房三架。大門榜曰「資政大夫孫公祠堂」。皆予在官手書。〔註69〕

〔註64〕（宋）范仲淹：《褒賢祠記》，《范文正公集》，臺北：臺灣商務印書館，1978年，第333頁。

〔註65〕吾淳：《中國社會的倫理生活：主要關於儒家倫理可能性問題的研究》，北京：中華書局，2007年，第206頁。

〔註66〕鄧洪波：《中國書院史》，上海：東方出版中心，2004年，第492頁。

〔註67〕參見湯敏：《從祠堂到禮堂：浙江農村公共空間的轉型與重構》（杭州：浙江人民出版社，2015年，第140～144頁）。

〔註68〕王鶴鳴：《中國祠堂通論》，上海：上海古籍出版社，2013年，第360頁。

〔註69〕（清）孫衣言：《詒善祠公產規約》，張憲文整理《瑞安孫氏規約數種》，莊建平主編《近代史資料文庫第10卷》，上海：上海書店出版社，2009年，第103頁。

　　營建祠堂之後，購買本支祠田的經費基本出自孫衣言在官俸祿，具體實施則交由鄉居多年的孫鏘鳴。祠田達近二百畝，每年約收租息四萬六千餘斤〔註 70〕。如何將祠產措施於家族教育，孫衣言曾考慮專支款項作為自己兄弟一支的私產使用，「本擬另款存儲為我兄弟三房子孫讀書行善之資」〔註 71〕。及其親自返鄉，考察實際情況，對實際分配、管理及使用的難度有了更清晰的認識。尤其顧忌到財產的敏感性，「萬一別啟爭端，反為子孫之累」〔註 72〕。於是孫衣言分撥款項置祀田與高曾祖禰下養賢田，其餘田產均撥入正在營建的祠塾、試館之用。祠塾、試館的田產與孫衣言兄弟一支的祀田一樣，由孫衣言兄弟三房輪值，每年提取公款。基於以往的經驗教訓，孫衣言兄弟對本支祠產的處理上也強調孫衣言的大房應當掌握權威。在對大養賢田的管理支配上除了撥輪以外，輪空年分租息所得歸諸公款，由大房子孫一併掌管。

　　光緒元年（1875）〔註 73〕，位於孫氏宗祠西側的詒善祠塾完工落成。祠塾位於瑞安縣城忠義街孫氏宅院，共有正堂二進，面闊五間，還有左右廂房和廳室。祠塾建立之初，孫衣言延請經師、蒙師各一人，作為教職人員。祠塾學生以孫氏房族子弟為主，而兼收族外人之志願就學者。用於詒善祠塾、試館的田產各十畝，有資格收租的仍為孫衣言兄弟三房及其子孫，每年提取公用的錢款四千文〔註 74〕。由於其運行的目的是敦促族中子弟努力向學、謀求仕進，與獎勵各方子孫入泮登科發中的養賢田相配合。詒善祠塾共前後兩層，每層四梁。初建之時，祠塾並不開放，而是由孫衣言兄弟三房各自延請老師教授子弟。至祠產有所積纍之後，方從公款中支取專款延請經師、蒙師於詒善祠塾中教授孫氏子弟。詒善祠塾田產用於保證塾中所需應用器具的隨時添

〔註 70〕（清）孫衣言：《詒善祠公產規約》，張憲文整理《瑞安孫氏規約數種》，莊建平主編《近代史資料文庫第 10 卷》，第 104 頁。

〔註 71〕（清）孫衣言：《詒善祠公產規約》，張憲文整理《瑞安孫氏規約數種》，莊建平主編《近代史資料文庫第 10 卷》，第 104 頁。

〔註 72〕（清）孫衣言：《詒善祠公產規約》，張憲文整理《瑞安孫氏規約數種》，莊建平主編《近代史資料文庫第 10 卷》，第 104 頁。

〔註 73〕詒善祠塾的創辦時間，亦有認為是同治年間者（如余起聲主編，浙江省教育志編纂委員會編《浙江省教育志》，杭州：浙江大學出版社，2004），此據孫延釗《孫衣言、孫詒讓父子年譜》。

〔註 74〕（清）孫衣言：《詒善祠公產規約》，張憲文整理《瑞安孫氏規約數種》，莊建平主編《近代史資料文庫第 10 卷》，上海：上海書店出版社，2009 年，第 105 頁。

置。詒善祠塾的空間有《公產規約》明文規定不許借人居住與堆積放置貨物〔註75〕，維持其作為家族教育場所的特殊地位。試館是孫氏於光緒十四年從城紳王氏手中購得，位於溫州城內小高橋下，共有樓屋五間，左右軒樓各三間，是基於養賢田、詒善祠塾等基礎教育設施之上的家族教育設施，試館之設主要用於為三房子弟赴試提供住處〔註76〕。

　　除了用於日常教學、設備購置及房屋維護的開銷，祠產還要供給祠塾、試館每年例行舉行的各種祭祀儀式。詒善祠塾、試館每年二月初旬舉行文昌福一次，八月初旬舉行土地福一次〔註77〕，通過這種富於儀式感的行為來彰顯家族中讀書從學者的特殊身份。族中值年人率在庠的各房後人以及「曾習儒業者」行禮，鼓吹贊唱各項內容等同祠祭〔註78〕。

二、詒善祠塾的教學實踐

　　經師、蒙師二人分工明確，經師依課約教授，蒙師依訓蒙法授課，二者均為孫衣言制定，作為詒善祠塾課程安排與內容設置的基本方案。根據《規約》，延請老師時，須先將孫衣言所定教法與之約定，「如勝任者，方可訂請」〔註79〕。而在課堂授課過程中，族正及本家父兄有權親臨聽講，以監督老師，「其不合我訓蒙之道者，禮解以去可也」〔註80〕。孫衣言以這些手段強化對詒善祠塾內容及理念的管理，也是確保其指定族規的權威性。孫衣言將祠塾的學科劃分為經學、史學、諸子、輿地、掌故、曆算、詞章、制藝、習書九門，教學規範則有塾規十二則，課約八則，訓蒙教法七則。祠塾特闢一室儲藏教學用書及相關讀物，約有五六千冊，作為祠塾專備書籍。圖書係孫衣言任職安徽時別為購置，每部卷首鈐有皖臬印信。光緒十五年（1889），這部分藏書移存玉海樓交與孫詒讓管理，成為玉海樓藏書的特藏。並規定：「在族子

〔註75〕（清）孫衣言：《詒善祠公產規約》，張憲文整理《瑞安孫氏規約數種》，莊建平主編《近代史資料文庫第10卷》，2009年，第106頁。

〔註76〕（清）孫衣言：《詒善祠公產規約》，張憲文整理《瑞安孫氏規約數種》，莊建平主編《近代史資料文庫第10卷》，2009年，第106頁。

〔註77〕（清）孫衣言：《詒善祠公產規約》，張憲文整理《瑞安孫氏規約數種》，莊建平主編《近代史資料文庫第10卷》，2009年，第106頁。

〔註78〕（清）孫衣言：《詒善祠公產規約》，張憲文整理《瑞安孫氏規約數種》，莊建平主編《近代史資料文庫第10卷》，2009年，第109頁。

〔註79〕（清）孫衣言：《詒善祠塾課約》，清刻本。

〔註80〕（清）孫衣言：《詒善祠塾課約》，清刻本。

弟如有借閱，隨時登號，刻期繳回，無得攘為已有」〔註81〕，管理上更趨嚴格與規範。

作為傳統讀書仕進道路的基礎，蒙學在家塾教育中地位重要。孫衣言對此頗為重視，並有獨到見解。他要求子弟從三四歲開始即需學習認字，其後學習四聲。在六歲左右，掌握基本的識字讀音後，則由蒙師教授四書。他認為「讀書不在太早，小兒元氣未充，讀書太早則傷氣」。其讀書開蒙次序也有規範：先《論語》，次《孟子》，次《大學》、《中庸》，必須逐字逐句詳細解說。在通過四書瞭解基本儒家知識後，學生接讀朱子《章句集注》，再接讀五經，先《禮記》，次《詩》，次《左傳》，次《尚書》，最後讀《易經》。「深僻難解之處，如有未盡解者，須令各自摘出，請塾師再為解說，復令還說以覘心得」〔註82〕。孫衣言認為小兒上學，最忌讀《千字文》、《千家詩》、《神童詩》等「村塾俚書」。這是對舊時家塾以《三字經》、《百家姓》、《童蒙訓》、《神童詩》、《名物蒙求》等常識讀物作為教材〔註83〕的鄙斥。詒善祠塾的啟蒙教育具有很強的針對性，其目的是使學生經由蒙學逐漸過渡到儒家知識的學習。對於常規的課程內容，在創辦詒善祠塾數年之後，孫衣言於光緒六年（1880）三月重訂《詒善祠塾課約》。此課約統合科舉要求與鄉學傳統，凡為十則：「一臨法帖，二看經，三看史，四看古文，五看鄉先生遺書，六看時文，七看試帖，八看古賦律賦，九看其他諸書，十定期文課」〔註84〕。

孫衣言重書法，即使旅途舟車中，也不廢日課〔註85〕。故而他對子弟臨帖學書的要求也很高。凡祠塾子弟，「每日早起臨法帖二百字，刻成徑寸方格，用毛太紙刷印」〔註86〕。其所臨之帖主要有《多寶塔碑》、《顏氏家廟碑》、《東方朔畫像贊》、《郭公家廟碑》等顏體代表作，每日兩百字左右，成

〔註81〕 （清）孫衣言：《詒善祠公產規約》，張憲文整理《瑞安孫氏規約數種》，莊建平主編《近代史資料文庫第 10 卷》，上海：上海書店出版社，2009 年，第 108 頁。

〔註82〕 （清）孫衣言：《詒善祠公產規約》，張憲文整理《瑞安孫氏規約數種》，莊建平主編《近代史資料文庫第 10 卷》，上海：上海書店出版社，2009 年，第 103 頁。

〔註83〕 參見李宏：《宋代私學發展略論》（北京：中央編譯出版社，2014 年，第 34 頁）。

〔註84〕 （清）孫衣言：《詒善祠塾課約》，清刻本。

〔註85〕 參見（清）孫衣言、（清）孫鏘鳴：《孫衣言孫鏘鳴日記》，清稿本。

〔註86〕 （清）孫衣言：《詒善祠塾課約》，清刻本。

文後反覆合對，以求進境。而之所以選擇顏體，出於孫衣言個人的審美取向，他認為「平實有力」的顏體有助於學生打好基礎，以在將來達到「神明變化，無所不可」〔註87〕。除顏體以外，孫衣言對唐代其他各家如虞世南、歐陽詢、褚遂良、柳公權等楷書推崇備至。清人有「唐人尚法」〔註88〕之說，唐代楷書的規矩嚴謹、法度森嚴不僅為孫衣言個人品味所欣賞，也是其教育子弟嚴守家學的要求。於宋人中，孫衣言專門推薦蔡襄《萬安橋碑》，因其兼具顏、柳特色，其餘諸人則一概不提。尤其聲明，不可學趙孟頫、董其昌等「軟滑一路」，因其將書法的學習視作學生日常人格塑造重要方式，所以臨帖學書也是貫徹詒善祠塾德育理念的一種形式。對此，孫衣言標準頗為嚴格，甚至明令諸生「本朝人字，則無一帖可學」〔註89〕。

　　孫衣言對祠塾教育的設置，是建立在對儒家學術與思想的絕對篤信之上的。所以對於儒家經典，孫衣言的要求是日課「看經二三十頁，經不必定須背誦，但必須字字解得」〔註90〕。這是孫氏培養儒生的基本要求，在諸經依次看完之後，即進入下一輪次的看經讀經，以求「總要時時與經見面，雖不能熟到十分，亦必有五六分熟，自然融會貫通，無空疎譾陋之患矣」〔註91〕。同時把經典學習與蒙學相結合，對於學生中的幼童，特別要求其每日讀十數行，並背誦且字字解得，以示「蒙養之功與成人後不同」〔註92〕。

　　對於史書的研讀，詒善祠塾的子弟須日課十頁或二十頁，並訂立次序「先看《史記》、前後《漢書》、《三國志》，次看《明史》」〔註93〕。對於《史記》、《漢書》要求尤高，不求速度，但求精詳。孫衣言特別指出《史》、《漢》各表尤值得留意。此是針對鄉人對「《史》、《漢》各表」的忽視所特別提出，由此亦可稍窺孫氏借家塾改變鄉邦學風的用心。而對於在前四史之後，也選擇《明史》，則是因為其「時代相近，有資考鏡，且其文最為有法，故即當接看」〔註94〕。

〔註87〕　（清）孫衣言：《詒善祠塾課約》，清刻本。
〔註88〕　（清）劉熙載：《藝概》，上海：上海古籍出版社，1978 年，第 166 頁。
〔註89〕　（清）孫衣言：《詒善祠塾課約》，清刻本。
〔註90〕　（清）孫衣言：《詒善祠塾課約》，清刻本。
〔註91〕　（清）孫衣言：《詒善祠塾課約》，清刻本。
〔註92〕　（清）孫衣言：《詒善祠塾課約》，清刻本。
〔註93〕　（清）孫衣言：《詒善祠塾課約》，清刻本。
〔註94〕　（清）孫衣言：《詒善祠塾課約》，清刻本。

　　「為文有法」是孫衣言選擇各類教材的基本要求，所以五史之後，孫衣言令學生看歐陽修《五代史》，以學其文。隨後將諸史瀏覽一過。其中尤以前四史、《明史》《新五代史》為重中之重，須學生反覆用功研讀，所學不僅內容，亦為文法。於此同時，學生須「更讀《國語》《國策》，正續《通鑒》，各史《紀事本末》及《九通》等書」〔註95〕，以粗通中國史。

　　詩文是孫衣言知名於世的原因，故其在家塾教育中對讀文的教材選擇也頗下工夫。他欣賞氣勢縱橫之作，故而要求子弟讀文從三蘇議論之文始。出於此傾向，孫衣言自然也同樣將韓、柳、歐陽的辯論名作《原道》、《原性》、《諱辯》、《爭臣論》等列入學子必讀。除此以外，韓愈、王安石、歐陽修三家銘墓之文、八家記序雜文也為其最推崇。這樣循序漸進且暗伏文脈的選本安排與同時期家塾「念唐賢五律詩」還要選與試帖相近者〔註96〕的要求大相徑庭。唐宋八大家以外，孫衣言最欣賞者有宋呂祖謙《東萊博議》、元馬端臨《文獻通考》諸序論、明歸有光、清桐城諸家及姚鼐所選《古文辭類纂》，以其為「八家以後之正宗」〔註97〕。這些內容是孫衣言文學取好和權威性的體現。在此之餘，初版《詒善祠塾課約》把「鄉先生水心別集、止齋、梅溪諸奏議」、「水心、止齋集諸墓誌」與以上古文名家並列，申明葉適、陳傅良諸家的文集與三蘇、韓、柳等要求一樣，需要通讀全集。而在重修版的《課約》中，孫衣言於看古文條以外，特為突出對鄉先生書的重視。

　　家塾課程的安排具有相當的靈活性，充分展現出課程制定者或者家族領導者本人的思想傾向與偏好。比如清中期蘇州潘氏以《太上感應篇》為參考教材〔註98〕；清末更是有人公然在家書中推廣算學、西法，竟至恪守傳統學術的塾師不得不辭門他投〔註99〕。孫衣言當然不會背離儒家經典，他

〔註95〕（清）孫衣言：《詒善祠塾課約》，清光緒六年（1880）重訂本，轉引自孫延釗：《孫衣言孫詒讓父子年譜》，上海：上海社會科學院出版社，2003年，第177頁。

〔註96〕（清）龍啟瑞：《家塾課程》，《叢書集成新編》本第33冊，臺北：新文豐出版社，2008年，第595頁。

〔註97〕（清）孫衣言：《詒善祠塾課約》，清光緒六年（1880）重訂本，轉引自孫延釗：《孫衣言孫詒讓父子年譜》，上海：上海社會科學院出版社，2003年，第177頁。

〔註98〕（清）陳奐：《松麟義莊記》，（清）李銘皖、（清）馮桂芬等纂修《（同治）蘇州府志》，臺北：成文出版社，1970年，第591～592頁。

〔註99〕參見劉大鵬：《退想齋日記》（太原：山西人民出版社，1990年，第138頁）。

以自己的方式修正與擴充了流行的家塾課程體系，將之於家族策略調整相結合。修訂過的《詒善祠塾課約》專闢「看鄉先生遺書條」，孫衣言以文學之士的專家身份，規範了「讀鄉先生書」的次序與內容。它規定：先看《水心別集》及梅溪《止齋諸奏議》，次看《水心文集》、《止齋全集》；次看艮齋《浪語集》、《梅溪全集》及周恭叔《浮沚集》，而尤須注意要將「各集中所存吾郡掌故皆當詳覽」〔註100〕。在面向鄉邦的家塾課程中標榜鄉先生書的地位，不但是其接續鄉學的手段，也是抬高鄉學地位，以使永嘉之學成到一門與經、史、古文、時文等並立的專門課程。與此同時，他利用多年收藏校刻鄉先生書積累的各類版本，以及一生對陳、葉等文集所花費的工夫，為這門課程的系統化與專業性提供保障：「予所藏各集本中，皆曾手下圈點，且經相加評注，諸生讀時，可借取過錄也」〔註101〕。通過這些措施，孫衣言試圖實現鄉學與家學的統合，鞏固鄉邦學術繼承者的角色。但其對鄉先生遺書的重視，依然是沿著上述讀古文的理路演進，把陳、葉等人作為文章名手，與世所公認的唐宋八大家、歸有光等人相頡頏。對於他們的評價也是強調「止齋、水心議論之文，雄視一代……碑誌諸作尤能抗衡退之、介甫，自成一家。」〔註102〕可以看出，詒善祠塾中的鄉先生書學習更多傾向於承續文脈，而非發揚學統。

在修訂後的《詒善祠塾課約》中，孫衣言加入了「看其他諸書條」，以鼓勵學生在應付科舉有餘力時廣涉博覽。他推薦學生讀經史子集各種著作，並特別囊括了上條未涉及的鄉先生書，如橫塘、二劉、竹軒、四靈、浣川、蒙川、霽山、五峰諸集，可見他對鄉賢鄉學的倡導與傳承，在以永嘉陳、葉為核心之外，也兼及其他各先賢〔註103〕。

三、家族教育的科舉導向

近代變革之際，地方士紳以「實學」為名幟，向族學課程中充實入更多、更新、更具特色的所謂實學內容，如無錫錢氏，錢熙元專為錢基博、錢基厚等

〔註100〕　（清）孫衣言：《詒善祠塾課約》，清刻本。

〔註101〕　（清）孫衣言：《詒善祠塾課約》，清刻本。

〔註102〕　（清）孫衣言：《詒善祠塾課約》，清刻本。

〔註103〕　（清）孫衣言：《詒善祠塾課約》，清光緒六年（1880）重訂本，轉引自孫延釗：《孫衣言孫詒讓父子年譜》，上海：上海社會科學院出版社，2003年，第178頁。

子弟開設歷史與史論課程，強調歷史學習中的「援古證今，有所取法」〔註104〕。這種更趨實用的風向在當時影響漸大，對於傳統的以科舉為主導的家塾教育，形成了一定程度上的衝擊，也是具有較高知識素養與較敏銳時局判斷的士紳對科舉制度下的家塾教育的反思。如漢陽人劉傳瑩在辦家塾時所說，充斥時文八股的家塾教育中，「其從師請業，不過求揣摩剽竊之術，以為證明謀利之具」〔註105〕。對於大多數有計於家族長遠發展的士紳來說，相較於弊端重重的時文舉業之學，「實學」成為了樹立或調整家風、謀求家族在新時期內發展的契機。孫氏也不例外，但對於孫衣言、孫鏘鳴之類的科舉既得利益者來說，他們既希望利用「實學」的元素，又不願將科舉推向自己興學的對立面。是以孫氏詒善祠塾的課程內容與主導思路如何調和，並進而尋求地方響應，尤值得關注。

　　雖然這一時期孫氏家族策略調整，不再以孫氏兄弟的仕宦生涯與官方身份為矜，孫鏘鳴也早已休致授課，但其自知家族崛起於地方的最大資本仍是在科舉上的成功。所以時文試帖的內容在《詒善祠塾課約》中也佔有很大篇幅。當其時，明清兩季於市面上刊行者品類繁多，以致射利者跟風而上，拙劣之作魚目混珠，被學者摒棄為「不足以言選本」〔註106〕。其中較為知名者如目耕齋選本，引得士子購求採信，「由束髮就傅以至登巍科、掇高第，內入詞林、外宰百里，皆以是為階梯」〔註107〕。在這種出版環境中，相較於讀古文的瀟灑，孫衣言對於子弟讀時文、試帖的應試教育更為嚴格且體系嚴密。與古文尊崇唐宋相反，詒善祠塾的子弟為童生時讀時文須看明人文為基礎。為了積累經驗、熟悉套路，再讓學生廣涉近世的《八銘塾鈔》初集諸本。在學生遊庠及中舉後，又「必令看隆、萬、天、崇、本朝諸名家文」〔註108〕，熟讀範文以後，為瞭解近年考試內容和偏好的新動向，須再讀近科墨卷，這是孫衣言針對所謂鄉俗時弊的有意而為。他對當時童生讀時文的方法頗不以為

〔註104〕錢基博：《先仲世父述略》，《堠山錢氏丹桂堂家譜‧行述第三》。民國三十七年（1948）鉛印本。

〔註105〕（清）劉傳瑩：《家塾示從學者》，湖北人民政府文史研究館、湖北省博物館整理《湖北文徵（第10卷）》，武漢：湖北人民出版社，2014年，第267頁。

〔註106〕商衍鎏：《清代科舉考試述錄及有關著作》，天津：百花文藝出版社，2004年，第259頁。

〔註107〕林誌鈞：《〈飲冰室合集〉序》，夏曉虹《追憶梁啟超》，北京：生活‧讀書‧新知三聯書店，2009年，第51頁。

〔註108〕（清）孫衣言：《詒善祠塾課約》，清刻本。

然，並認為：

> 吾鄉人童生但讀考卷、應科舉者，但讀墨卷以致窒塞心源，終
> 身詒誤，不知諸名人文中但是整齊圓滿者皆考墨也〔註109〕。

孫衣言認為瞭解時文的源流變化，以及基本結構與寫作技巧即所謂「看題謀篇說理用法」，須從系統研讀名家時文集入手，不能急功近利、指望從近科墨卷來猜測時尚以投其所好。他為學生精心挑選出了時文的幾種較優選本，並教授研讀方法：

> 以方望溪之欽定四書文為最博學者，欲觀文家源流變化，不可
> 不全看一過。而予所最得力者，尤在勾山先生之時文軌範（其板現
> 在京師大外廊營俞學使家，亦曰《制藝體原》則顧南雅刻本也）。其
> 詮擇精要及評注之訣摘入微，啟發靈性，實諸家所不及。他如吳蘭
> 陔之《天崇百篇八銘塾抄初二集》，陳澹岩之《名文約編》，潘芝軒
> 相國之《明文國朝文讀本》（明文凡三編，國朝凡四編），何文綺之
> 《制藝約抄》（廣東板），皆為佳本，學者但取一編，置之案頭，文
> 則篇篇讀過，批又字字看過，潛心玩索，一年以後文思若不汩汩然
> 來，無是理也。〔註110〕

孫衣言認為通過對選本的文與批註篇篇讀過、字字看過，學生就能具有基本的時文寫作能力。在此基礎上，才有資格和識力「取近科墨選精本，及近十數科墨卷，擇其有光采機調者四五十篇以觀時尚」。由於時文教學與學生日後的前途息息相關，塾師常會命令學生反覆手抄，甚至死記硬背。孫衣言對此頗為不屑，他認為這種方法都是枉費工夫。對於旁人眼中生硬的時文，孫衣言也能拿出文學家的態度對其條分縷析：

> 予平生不抄時文，但就刻本，挨次讀去，於文中每比分柱處，
> 比中照應柱義處，講下領起題意處。提比下出題處，各比點醒題字
> 處，及其前後層次之淺深，通篇線索之繳應必深思熟玩，一一注出，
> 其旁批亦必深思熟玩，果得作者用意用法之妙必手加圈點。此讀文
> 不易之法也。近來塾中子弟抄寫文字或竟不抄旁批，或將旁批移寫
> 眉上竟不知此批是說文中何處，豈非謬妄，豈非孤負，前人若心宜
> 痛戒之。背誦時文亦是一謬，但須看得熟、看得精，自有領會，每

〔註109〕（清）孫衣言：《詒善祠塾課約》，清刻本。
〔註110〕（清）孫衣言：《詒善祠塾課約》，清刻本。

　　文一篇、每批一字，玩索到十數次，無不精神透露，要背誦者為抄
　　襲計耳，豈非可笑。〔註111〕

　　對於時文集選本的判別，孫衣言也有明示，他提示學生通過批評是否精確來選擇。如若批評不當不精甚至沒有批評，就可以以俗本視之。按此標準，當時甚為流行，被視為圭臬的目耕齋、聽雨軒的選本在孫氏眼中均不合格。

　　孫衣言對時文如此投入精力，其原因不僅是其兄弟借由科舉見知於世、其家族由此改變命運，更是由其文化觀決定的。孫衣言對於當時已備受非議的科舉制度也並非毫無意見，他在安徽任上，甚至提出過頗有些大膽的改革方案「予嘗議廢鄉試，而令學使者每三年一拔貢，即令會試，亦此意也」〔註112〕。但這些不滿與意見都是建立在科舉制度不變的前提下，他始終對儒家道德懷有高度自信，對於經學主導的文化體系堅定無疑。他一再陳明：「自古夷狄之以詐力毒中國，而不稍出於禮義者，必滅於中國，此天之道也。」〔註113〕而科舉制度作為鞏固與傳承這一文化體系的方案，儘管存在弊病，也不可從根本上變易。

　　此外，對於時文抱以如此熱情，與孫氏的文學趨向也關係密切。孫衣言文章路數接近桐城諸家，受其影響頗深。而桐城諸家對於時文的作用還是持積極態度的〔註114〕，他們褒揚時文「亦文章中之一奇也」〔註115〕，「一代文章之興，安知不出於是」〔註116〕。對此孫衣言所見略同。更需要注意的是，孫衣言奉為鄉賢代表的陳傅良正是以時文成名，其最自信者即「與士子課習舉業」〔註117〕。

〔註111〕（清）孫衣言：《詒善祠塾課約》，清刻本。
〔註112〕孫延釗：《孫衣言孫詒讓父子年譜》，上海：上海社會科學院出版社，2003年，第47頁。
〔註113〕（清）孫衣言：《送蔣侍郎巡撫廣東序》，《遜學齋文鈔》卷三，清同治十二年（1873）本。
〔註114〕關於桐城派對時文的具體觀點，參閱陳平原《中國散文小說史》第六章《桐城義法與學者之文》第一、二節（上海：上海人民出版社，2014年，第164～177頁）。
〔註115〕（清）戴名世：《有明歷朝小題文選序》，賈文昭編《桐城派文論選》，北京：中華書局，2008年，第14～15頁。
〔註116〕（清）姚鼐：《陶山四書義序》，劉季高點校《惜抱軒詩文集》，上海：上海古籍出版社，1992年，370～371頁。
〔註117〕（宋）陳傅良：《吏部員外郎初對箚子三》，周夢江點校《陳傅良文集》，杭州：浙江大學出版社，1999年，第282～285頁。

陳傅良對時文的鑽研與改造影響頗大〔註118〕，孫衣言研讀《止齋集》數過，對陳傅良的時文也是推崇備至。從這一角度，他對時文提出獨到看法和要求也就可以理解了。

孫衣言對時文如此用心，對試帖詩也自然不會忽視。由以上諸條可以看出，孫衣言對夯實基礎、培養功底極其在意。作為注重基礎教育的知名詩人，他命子弟每日「看試帖十數首，先讀杜詩長排三十韻至百韻者，及盛唐諸公杜詩、玉谿生集、五言律詩約一二百首，觀其排比開合之妙，充拓才思，增長筆力，以為根本」〔註119〕。但這些工作的目的並非培養詩人，為了應試，學生更需苦讀近人的試帖詩選本，精讀紀昀選評《我法集》《庚辰集》，之後如黃爵滋選《試律匯海》，徐寶善選《壺園試帖》，李宗昉選《聞妙香室試帖》以及孫衣言親評、許恂選《養雲山館試帖》等〔註120〕。

以上數條作為舉業工夫，是詒善祠塾的最主要內容。正是以舉業為一方學子的共同目標，孫氏才能以科舉成功者的身份吸引和號召諸生來學，從而貫徹其教育理念，實現建設鄉學的理想。

除了在課程安排上對學生的時文、試帖能力進行培訓，詒善祠塾還通過作業、考核等方式鍛鍊學生的應試能力。學生每月須定期為詩三到五篇，作文二篇，作賦十首左右。詒善祠塾中立有課所，以供學生課試之用。塾生在課試日之卯正二三刻在課所聚齊，不在塾的學生也需要趕來參試。課試一定程度上模仿科考程序，「不許攜帶片紙，限以日入呈卷」〔註121〕。在鄉遙課的學生，也不得例外，「視其領取題目之早晚、程途之遠近，作文工夫仍以一日為限，過遲者不閱」〔註122〕。

考試內容亦頗費苦心，針對不同層次的學生做專門安排。初入學的童生做單句、截上、截下、虛冒、枯窘等基本題目，此後才能做一些更具難度的偏全割截。這也是為糾正鄉俗所做的措施。由於其時，清代童子試常有截搭題出現，即割裂經文、截斷牽搭作為詩題，塾師多有要求學生苦練截搭題者。孫衣言認為這種教法只重如何應對偏題怪題，不重學生的基本應試技巧，故

〔註118〕參見閔澤平《南宋「浙學」與傳統散文的因革流變》第四章《陳傅良時文研究》（杭州：浙江大學出版社，2014年，第156～201頁）。
〔註119〕（清）孫衣言：《詒善祠塾課約》，清刻本。
〔註120〕（清）孫衣言：《詒善祠塾課約》，清刻本。
〔註121〕（清）孫衣言：《詒善祠塾課約》，清刻本。
〔註122〕（清）孫衣言：《詒善祠塾課約》，清刻本。

而不予採用。而對於即將應鄉、會試的學生，除了同樣反覆訓練單句題以外，還需兼及兩截、全節、全章乃至扇題。他要求學生作單句題，以熟悉六比柱義、六比層次、反正開合、賓主虛實等基本結構與內容。他認為從熟練掌握單句題可以達到舉一反三、由簡入難的效果，不需要一味追求題目的怪異與複雜，這與他一向重視基礎的教育理念相統一。也是他對書法中「永字八法」方法的聯想與闡發〔註123〕。書法家教育學生入門學書，通過一個「永」字即可掌握漢字楷書的八種基本筆勢。孫衣言對此法非常認同，並把此法用在了教育子弟學習應試之上，以最基本的單句題來囊括應試所需要的各技巧。在對單句題得心應手的基礎上，就可以使用性理、王道、典制、譬喻、援引各種題目來考核訓練學生，以使其「於得題時即知此題，是何名目，應用何等機法，應作何等體格，了然於心，沛然於手」〔註124〕。

除了對學生進行週期性的常規練習與考試，孫衣言對於老師如何批閱課卷也提出了明確要求。除童生文可進行點竄，其餘課卷均不可全篇塗改。至於鄉、會試諸生，老師不需多做批改，「但與圈出好處，批出疵累處」，給學生充分領悟的空間。批改完成並非課試結束，老師須將每課所有課文合訂一冊，並從城至鄉依次傳遞，「近地日傳三處，遠鄉日傳一處，不可逗留，亦不可過於促迫」。對於排名前列的學生，獎以扇、紙、筆、墨以示鼓勵，其中出眾之作，刻入詒善塾課，於下課印出，以為表揚。

在定明所有應試課程及考核之後，孫衣言以其初入京時求教黃爵滋、朱杜之、楊摛藻等的故事作為結語：

> 再有一語奉勸，予初至都以所作古今體詩一巨冊，求教於黃樹齋侍郎及取歸閱看，則全冊數百首，只聯圈十字，予叩求其故，先生曰：此無可說，但熟讀郭茂倩樂府及漢魏以下，至盛唐諸家詩，而禁看本朝及近時人之作，勿以入目，後當知之。予謹奉教，遂得稍知詩法，又以舉業求教於朱仁山先生，不得一句，連圈者幾近一年，後一二年乃得有半篇圈，甲辰遂獲雋仁山先生卒，復以所業呈楊樸庵比部始漸漸有全篇連圈，庚戌乃成進士。若我鄉諸年少，偶有一二篇，不得濃圈密點，即罵先生不識文章矣，此

〔註123〕（清）孫衣言：《詒善祠塾課約》，清刻本。
〔註124〕（清）孫衣言：《詒善祠塾課約》，清刻本。

　　岂求益之道哉，戒之戒之。〔註125〕

　　這段文字既是孫衣言多年研習詩文的心得，也是其對族子弟與鄉後輩的要求與期望。他警告學生切忌自視過高、急於求成，虛心向先生請教學習，夯實基礎，以求步步精進。

　　詒善祠塾在科舉框架內的應試教育得到孫氏家族以如設置學田、在祭禮中提高生員地位等各種方式給予的支持與保障。其中最顯著者，是於光緒十五年（1889）增設的詒善試館，它有助於對有志讀書舉業的族中子弟提供更為完善與系統化的幫助。

　　詒善試館專為進城應試的子弟設辦，面向孫氏族眾，它不僅是一項服務型設施，也是強制性設施。孫衣言命「府試、院試，各房子弟之應試者」必須寓宿詒善試館，其目的是保證自鄉進城的年輕子弟不致「散寓他所，以致任意游蕩，不便管束」〔註126〕。由此可見，詒善試館是為了確保詒善祠塾的教育理念與效果得到最大化。而如子弟流連城中聲色，不遵《詒善試館規約》，值年人需要對其嚴加訓斥，並強令其遷入試館，「如不遵行，即將應得卷費、花紅各項罰扣」〔註127〕。

　　每逢考試，試館即可發揮作用。各房子弟入住時，不許攜帶外人。即使情面難卻，勉強留宿者，也必須是「族人及各房至親」〔註128〕。這些族人至親也須繳納租錢，「作為津貼應試子弟伙食之用」〔註129〕。這既是由於試館容量有限，無力負擔過多人群，更是由於兩者性質的不同。詒善祠塾是為了發揮與宣傳孫衣言的鄉族觀，同時也為了貫徹家、鄉一體的家族經營理念，在最大程度上普及鄉學傳統與孫氏家學相統一的印象。而詒善試館則有保障家族科舉成效的直接目的，無需承擔公共教育的責任。除了應試之館的職能，詒善試館也在閑暇時為族眾提供一定程度上的借住服務，但亦須保證試館的

〔註125〕（清）孫衣言：《詒善祠塾課約》，清刻本。

〔註126〕（清）孫衣言：《詒善試館規約》，張憲文整理《瑞安孫氏規約數種》，莊建平主編《近代史資料文庫第 10 卷》，上海：上海書店出版社，2009 年，第111 頁。

〔註127〕（清）孫衣言：《詒善試館規約》，張憲文整理《瑞安孫氏規約數種》，莊建平主編《近代史資料文庫第 10 卷》，第 112 頁。

〔註128〕（清）孫衣言：《詒善試館規約》，張憲文整理《瑞安孫氏規約數種》，莊建平主編《近代史資料文庫第 10 卷》，第 112 頁。

〔註129〕（清）孫衣言：《詒善試館規約》，張憲文整理《瑞安孫氏規約數種》，莊建平主編《近代史資料文庫第 10 卷》，第 112 頁。

家族性,「不許攜帶戚友」〔註 130〕。詒善試館的設施由值年族正在考試前進行檢查與監督,修理更新的一應費用則由祠內公產供應。可以說,相較於頗具公共教育色彩的詒善祠塾,詒善試館的排他性更強。

四、孫氏家塾與地方教育

家塾的根本目的是為家族服務,但是也有利用家族輻射力以影響地方教育者,如閩北的朱氏家族等〔註 131〕。詒善祠塾是孫衣言文教理念的具體實踐,同樣也是其把家族發展與地方文教建設相融合的系統化嘗試,他寄託了孫氏的理想,即通過一己之族學潛移默化地作用於地方教育與學術風氣,從而夯實在文教領域內的領導和權威地位。從上述課約諸條可以看出,孫衣言對於詒善祠塾在地方上的輻射力懷有很大期望。這種輻射力一方面體現在他以科名這一仕進發家的渠道為招牌,吸引鄉後學來就學,通過「郡邑各生有能如我約者均令入課」〔註 132〕來擴大生源範圍,跳出家塾的界囿。另一方面,他所期望的又不只是詒善祠塾在生源乃至教育成果上的成功,他的理想是通過推廣詒善祠塾的模式與理念,移風易俗,重塑地方文化:

> 尤望各邑富家大族,依仿我約,推廣行之,但得一縣之中,有文社十餘所,一社之中有能文者十餘人,三五年後登科第、取仕宦,聯翩接踵,豈不可樂。吾鄉風俗之美、文學之懿,莫盛於宋南渡時,當時如陳文節公、蔡文懿公、徐忠文公、薛恭翼公,皆以同郡師友同年登第。孫奕《示兒編》,謂止齋最精於省題。省題者,省試之文,即今所謂會墨也。而止齋之《待遇集》,水心之進卷,亦即當時揣摩舉業之作風行海內,遂為永嘉文體。至明時項參政之義則,所論舉業本原及各種題則津津乎其有味也。乾隆年間,我家敬軒太史亦自謂制義則透過來矣。此七舉之文,發身成名於世,今日英俊輩出,漸知向學,若能不棄予言,以繼參政太史之遺徽,復乾淳之盛軌,有何難哉。亦在勉之而已矣。〔註 133〕

〔註 130〕（清）孫衣言:《詒善試館規約》,張憲文整理《瑞安孫氏規約數種》,莊建平主編《近代史資料文庫第 10 卷》,第 111 頁。

〔註 131〕參見孫永生:《閩北朱氏宗族的族學資料》(《中國社會經濟史研究》,1991 年第 3 期,第 92～93 頁)。

〔註 132〕（清）孫衣言:《詒善祠塾課約》,清刻本。

〔註 133〕（清）孫衣言:《詒善祠塾課約》,清刻本。

　　與孫衣言的一貫觀點一致，他的各種家族建設行動，在安家固族的基本目標之外，都隱含著更高的目標。他希望自己通過詒善祠塾實施的規範化教育，能成為地方家塾教育的表率與模板，引起其他大族的模仿。孫衣言希望能夠通過科舉的成功重現南宋時陳、蔡、徐、薛並出的文化鼎盛局面，他建設與宣傳詒善祠塾的最大倚仗仍是自己兄弟科舉的成功，詒善祠塾的可推廣性也是在科舉框架內進行。為了配合對永嘉之學的提倡宣傳，他在此再一次強調了陳傅良、葉適之文與科舉考試的關係，巧妙地利用同樣的核心人物把永嘉學術與「永嘉文體」（尤其是應試文體）連接起來。詒善祠塾不僅是孫氏樹立家風的私塾，而是孫氏家族文化戰略的重要一環，且與其他各項措施配合密切，是孫衣言實現乾淳嚮往的重要舉措。詒善祠塾各項課程中對永嘉學派諸家的引介，實際上也強化了永嘉之學與孫氏家族的關聯。

　　如孫衣言所願的是，詒善祠塾在一定時間內確實形成了很強的輻射力和示範作用。孫氏聘用在瑞安頗具名聲的張棡、王景羲為塾師，兩者對於教育皆頗有經驗，能夠一定程度上保證教學質量。而在詒善祠塾教書的過程，由於孫衣言對於詒善祠塾教育理念的堅持，塾師在教授過程中也在一定程度上理解與接受孫氏的鄉族經營策略，張棡的兒子在父親的行狀中說：

> 辛卯，孫琴西太僕聘府君主講詒善祠塾，因得從太僕、侍郎暨太僕公之子籀廎徵君遊，太僕公潛心龍門書稿，府君有同好，每深夜招入玉海樓寢室談文指授，娓娓忘倦，並以過校本歸、方色筆《史記》借錄，由是府君益肆力於史，纂成《史讀考異》五十卷，徵君大加嗟賞，許為弁言，未果。〔註134〕

　　如上所述，孫衣言常與塾師切磋文史，並以所藏諸書借予。如是交往不僅讓塾師更理解孫衣言的家族文化策略與文學、史學主張，以便教學，也是把孫氏的鄉族策略向更廣的範圍傳播。時人曾回憶道：「是時我邑孫琴西太僕致仕歸，置詒善祠塾，招當時能文士講肆其中，人才稱盛。」〔註135〕在這些後學子弟中，除了孫詒讓、孫詒澤、孫詒燕等在各自領域內頗有建樹的孫氏子弟，如孫衣言所願，地方上的青年才俊也都有在詒善祠塾學習的經歷。

〔註134〕張組成：《從父震軒張府君行狀》，張棡撰，俞雄選編：《張棡日記》，上海：上海社會科學院出版社，2003 年，第 618 頁。

〔註135〕陳黻宸：《欠泉庵文集序》，陳德溥編《陳黻宸集》，北京：中華書局，1995年，第 657 頁。

瑞安黃紹箕、黃紹第、項芳蘭、胡調元、林慶衍乃至平陽人宋恕、泰順人周煥樞都慕名來學，並有中舉成名者。在培養學生的同時，詒善祠塾作為有特色的家塾，形象也逐漸鮮明，「是時瑞安孫太僕衣言方自江藩歸田，提倡先哲鄭伯熊、薛季宣、陳傅良、葉適——宋儒永嘉之學，設詒善祠塾以教鄉人，與弟侍郎最負時望。」〔註136〕孫氏兄弟與永嘉之學的關係在地方人士眼中愈加緊密。

除了塾中師生多有成名，詒善祠塾的輻射力還體現在後起學者士紳對其的模仿上。如陳黻宸於平陽縣城會文裏陳宅創立潁川書塾，「課其子弟甥侄於此，專尚義理訓詁，浙南各縣從遊者甚眾」〔註137〕。與詒善祠塾相似，陳黻宸的潁川書塾雖屬家塾，其生源也不限本族子弟，而是傚仿孫氏，面向地方。此外還有瑞安趙氏仿照詒善祠塾，在龍川下村村尾，興建同春祠塾課子弟。〔註138〕

祠塾是孫衣言教育理念的具體實踐，其核心是把儒家學術體系下的鄉學與家族教育相結合，以私人教育的形式輻射與引導地方教育。但當其死後，世事變異，孫詒讓作為家族的繼承者，對於家族教育的形式和內容都做了明顯的調整。孫詒讓能在地方上積累聲望，除了著述豐富、學問精湛以外，同樣因為其對地方公共教育的參與。對於孫詒讓在公共教育上的作為及其作為大紳通過社團、學堂的形式與後起所謂「布衣士紳」爭衡的過程，學界已有較為深入的研究〔註139〕，此處從其對其父家族教育理念的調整角度舉例分析。

孫衣言一生篤信傳統道德學問能夠糾正時弊，雖然對清儒迷戀漢學痛加批判，但對當時在士紳間盛行的西學持有堅決的抵制態度。他復興鄉學的前提也是認為永嘉之學是從屬於傳統文化的一部分，能夠符合並體現儒家道德

〔註136〕 陳謐：《陳蟄廬先生傳》，胡珠生編輯《陳虯集》，北京：中華書局，2015 年，第 396〜397 頁。

〔註137〕 浙江省通志館編，浙江省地方志編纂委員會整理：《重修浙江通志稿》，北京：方志出版社，2010 年，第 2370 頁。

〔註138〕 林珊：《趙超構》，北京：人民日報出版社，2005 年，第 5 頁。

〔註139〕 參見李世眾《晚清士紳與地方政治——以溫州為中心的考察》第五章《「布衣士紳」的崛起》（上海：上海人民出版社，2006 年，第 301〜374 頁）；徐佳貴《晚清士紳與清末地方興學中的國家與社會——以浙江瑞安縣公立中學堂存廢之爭為例的考察》（張仲民、章可編《近代中國的知識生產與文化政治——以教科書為中心》，上海：復旦大學出版社，2014 年，第 201〜232 頁）。

學術的優勢。從某種意義上說，永嘉之學以及與之相關的各項舉措，都是孫衣言用以對抗西學這一時興風向的武器。相反，孫詒讓雖然以傳統學問為主要研究對象，但其精於樸學，在漢宋的學術分野中更接近漢學，與尊崇朱子、傾向宋學的孫衣言區別明顯。在對待家族教育的態度上，孫詒讓更與孫衣言大相徑庭，這點集中體現在對於教育內容的選擇上。孫衣言對於科舉並非毫無異議，他在詒善祠塾的課程中引入永嘉之學也是對現有教育體制的不滿，但其在事關家族乃至鄉邦發展的教育實踐中還是不得不一再服從和強調科舉應試的重要性。同樣是以經世致用為旨歸，孫詒讓相較其父更為趨新，一定程度上接受了西學的影響。孫詒讓對西學的態度，在其於光緒二十六年（1900）冬十月所撰《鎮海葉君家傳》中有所表露：「余少治章句之學，迂拙不解治生，而略涉中西論學之書，竊歎泰西商學家言，其精眇者，於質力聚散、幾何盈縮之理多相通貫，中土古籍所未聞也。」〔註140〕

　　光緒二十一年（1895），孫詒讓起意創設以講習時務為主要課程內容的地方性書院。身為孫氏家族新一代的代表人物，他同樣選擇了有家族而及地方的軌跡。他於當年十月邀集瑞安城區士紳黃紹箕、黃紹第、項崧、周拱藻、洪錦標、王恩植、鮑錦江、楊世環等於小東門外話桑樓磋商建立書院事務，計劃將與孫氏關係密切的士紳家族子弟作為書院的第一批受眾，從而一步步達到通過改造鄉族子弟而改變鄉里風氣的目的。經協商，孫詒讓等擬試辦的瑞安算學書院以中西算法為時學的內容展開教學。書院經費先由士紳籌集，擬待成效漸顯之時，再申請官款。次年，在寧波知府任上即重視算學教育的溫處道宗源瀚致書孫詒讓，表示對其倡導時學的同情與支持。孫詒讓的教育活動不再以家族為囿，並積極謀求與官方對話合作，對其父在地方上重建孫氏話語權的活動既有繼承，也有拓展。

　　算學書院的開辦是孫詒讓對孫衣言教育體系的突破，他雖然也號稱「《周禮》保氏以六藝教國子，九數居其一。漢宋以來，皆設算學，與儒業同科，稱四門博士。我朝修明律數、超秩前代」〔註141〕云云，意圖從傳統中為推廣算學教育找到根據。但他對此舉所受到的西風影響也毫無隱諱，在為算學書院

〔註140〕　（清）孫詒讓：《鎮海葉君家傳》，孫延釗輯、張憲文整理《孫詒讓詩文遺稿補輯（上）》，《文獻》，1984 年第 1 期，第 179～199 頁。
〔註141〕　（清）孫詒讓：《創辦瑞安算學書院府、縣申請立案文》，孫延釗、張憲文整理《孫詒讓雜文輯錄》，《文獻》，1986 年第 2 期，第 118～126 頁。

訂立的章程中展露了其兼容中西學術的教學理念：

> 學徒除習算外，如中外交涉事務、各國記載及近時西人所著格致諸書，每日擇簡明切要者，講示一二條，以廣見聞而裨實用。
>
> 算學為古聖人六藝之一，積久愈精，乃理勢之自然。院課中西兼習，固不宜守舊以自畫，亦不容逐流而忘原。
>
> 學徒宜斂氣凝神，端視靜聽，謹言審問，挺坐卓立，闊步徐行，切戒浮躁疲茶二習。蓋古者保氏之職，六儀與六藝並教，雖其法久佚，然當略師期遺意。近時西人操身之說，亦有可採，非但整肅儀表，且於養生有益。至衣履亦以樸潔為貴，不許污穢，亦不許染時下惡習。
>
> 學徒必志趣堅卓，成就乃能遠大，尤必先辨志，然後知所趨向。本書院之設專科算學，以應時需，然特致用之一端耳。諸徒平居在家，自宜研覽文史，以盡博古之長，窮極義理，以致實踐之功，講求經濟以務達用之學，力圖精進，日新又新，無負本書院培植之誠心焉。〔註142〕

算學只是孫詒讓進一步拓展教學內容的初步實驗，其對西人格致之學、操身之說抱有積極開放的態度。

與內容改革同時進行的則是孫詒讓對家族教育定位的調整。光緒二十二年（1896），孫詒讓以算學書院的內容在地方上具有開創意義、「與從來舊式書院有所不同」，於是援引北京天文算學館、廣州實學館之例，更算學書院名為學計館。

瑞安學計館招收 13 歲至 20 歲的鄉邦少年學習算學，其實包括數學、物理、化學各門。孫詒讓冀望以此館為「一縣新學權輿，亦本人教育事業之嚆矢」〔註143〕，期望之殷顯而易見，詒善祠塾也成為其用新學實施於公共教育的工具。三年後，在孫詒讓的支持下，學計館學生於詒善祠塾內成立了以專門研究天文算學為宗旨的學術團體──「瑞安天算學社」。〔註144〕詒善祠塾作為孫氏家族的族產，處理權在很大程度上掌握在孫衣言房及其繼承者手中。孫詒讓將

〔註142〕 （清）孫詒讓：《瑞安新開學計館敘》，孫延釗輯、張憲文整理《孫詒讓詩文遺稿補輯（上）》，《文獻》，1984 年第 1 期，第 179～199 頁。

〔註143〕 孫延釗：《孫衣言孫詒讓父子年譜》，上海：上海社會科學院出版社，2003 年，第 276 頁。

〔註144〕 黃光璧主編：《中國近現代科學技術史》，長沙：湖南教育出版社，1997 年，第 368 頁。

家塾設施作為公共教育實踐的場所，有意無意地淡化了詒善祠塾的家塾色彩，與其本人轉移關注重心、投身公共教育的實際目的相配合。不獨在空間上實現共享，孫詒讓更多把自己個人和家族的文化資源作為其實現公共教育理念的手段。如其將自著《札迻》《墨子閒詁》《古籍拾遺》《周書斠補》四種各二部，及《永嘉叢書》每種各二部，一併捐贈給孫鏘鳴之婿宋恕與章太炎組織的經世實學社，以獲取該社贊助人的身份；又如當學計館成立一週年之際，孫詒讓邀請以書法著名於鄉梓的從弟孫詒澤書聯兩楹「鄉里有導師，亮節孤忠，曆算專精只餘事；洞淵昌邃學，通理博藝，艱難閎濟伏奇才」〔註145〕。隨著孫詒讓在學計館的基礎上積極推動蠶學館、農學會、方言館、瑞平化學學堂等新興公共教育組織或設施在地方上的建立，使瑞安孫氏在地方上從敦守鄉學舊學的骨幹一躍而成推行新學的先驅，在教育變革的時潮中佔據了相當的話語權。孫詒讓對新學教育的參與，並非純粹的個人行為，孫氏家族的其他成員也對孫詒讓的教育活動予以相應和配合。如孫嘉言之孫、孫詒燕之子孫沖（延綬）愛好疇人之學〔註146〕，即瑞安天算學會會長；孫鏘鳴第十子孫詒棫與孫詒澤之子孫延曙亦參與了孫詒讓創辦瑞安演說會的過程〔註147〕；甚至孫鏘鳴之妻林氏也與孫詒棫、孫詒讓等一起創立了瑞安勸解婦女纏足會，林氏親任會長。

在這些活動如火如荼進行的同時，曾作為家塾表率的詒善祠塾的輻射力、影響力卻在淡化。被孫衣言寄予傳遞家學、鄉學與科舉榮光厚望的塾師職能也有所偏移，如王子祥就聘詒善祠塾後，主要工作就是校勘孫衣言的《甌海軼聞》以及《永嘉集》，以聚集並積攢孫氏家族作為文化家族的文化資本。光緒三十一年夏（1905），上海教育界人士沈亮榘等乘預備立憲、地方自治的東風，發起組織私塾改良會，其宗旨在徐圖改良，有步驟地變私塾為學堂。其目的是鼓勵士紳主動參與到更舊學為新學、更私塾為公學的進程中，「化新舊於無形，免官私之交哄」〔註148〕。私塾改良會以上海為基點，邀請江蘇、浙江、安徽三省知名士紳共謀進行，孫詒讓作為瑞安名紳手擬《瑞安改良私塾

〔註145〕孫延釗：《孫衣言孫詒讓父子年譜》，上海：上海社會科學院出版社，2003年，第280頁。

〔註146〕宋恕：《孫詒燕行述》，胡珠生編《宋恕集》，北京：中華書局，1993年，第463頁。

〔註147〕孫延釗：《孫衣言孫詒讓父子年譜》，上海：上海社會科學院出版社，2003年，第305頁。

〔註148〕（清）孫詒讓：《私塾改良會章程》，舒新城編《中國近代史教育史資料》，北京：人民出版社，1981年，第102頁。

簡明辦法》八條，以示擁有家塾的名族名紳對這一進程的認可與支持。〔註149〕
在孫詒讓的將家族教育統轄入公共教育的規劃下，詒善祠塾的實際效用一再
弱化，並最終趨於消弭。

第三節　玉海樓與家族藏書

一、清代士人的家族藏書活動

　　在傳統社會中，知識的普及程度相對較低，「讀書」這一行為具有強烈的
象徵意義和身份識別意義。能夠擁有並使用豐富的書籍證明了士紳的知識權
力，賦予了士紳作為知識所有者和專家的身份定位，讓其有權力有資格參與
以至領導地方上的學術文化活動。因此，書籍除了其本身所具有的知識載體
功能，還被作為士人積累知識特權、強化自我認同的文化資本和符號，讀書、
著書這些看似個人化的行為催生了士人階層內部更為豐富的書籍活動形式。

　　對傳統士人來說，刻書與書籍往還活動的進行需要自身擁有一定規模與特
色的藏書作為基礎和積澱。是以對於冀圖以家族形式綿延和繼承文化權力的士
紳來說，通過家族身份大規模的聚集書籍實際上也暗含著對知識權力的佔有和
壟斷。對於根底相對單薄的後起家族來說尤其如此，他們深知科舉成名這種暫
時性的契機作為家族的文化資本，需要與歷時性的知識資本積累相結合。誠如
有學者所說「知識重新分配，建築在知識上的權力也重新分配」〔註150〕，搜求
故家遺集、形成藏書體系不僅是士紳個人對獲取知識及其載體的個人喜好，也
常常是士紳家族推動社會知識重新分配，並進而鞏固和自證知識權力的有效手
段。他們在家族延續層面標榜「耕為衣食之本源，讀乃聖賢之根柢」〔註151〕。
讀書這一日常行為所負載的神聖性暗示，使其承載了傳遞與塑造家族文化的歷
史使命，這也讓充分佔有書籍成為了傳統士紳家族最常規的家族文化工程之一。

　　藏書自古就是中國古代士人常見的一項文化活動。隨著藏書量的積累，士
紳間的書籍交往活動也由是產生並漸趨普及。據史書記載，劉向奉命校讎《管

〔註149〕孫延釗：《孫籀公與清季溫處地方教育》，周立人，徐和雍編《孫延釗集》，
　　　　上海：上海社會科學院出版社，2004 年，第 368 頁。
〔註150〕（美）托夫勒著，劉炳章等譯：《力量轉移——臨近 21 世紀時的知識、財富
　　　　和暴力》，北京：新華出版社，1991 年，第 7 頁。
〔註151〕《（民國）紫江朱氏家乘》卷四《舊譜家規十二則》，轉引自馮爾康《清代宗
　　　　族史料選輯》，天津：天津古籍出版社，2014 年，第 888 頁。

子》書時曾徵借大中大夫樓圭等人的私人藏書〔註152〕，有學者即以此為中國最早的借書記載〔註153〕。可見，私人藏書活動的出現與普遍化刺激了知識掌控者們的互通有無，以此促進以藏書為交往話語的社交活動。當然，這種徵書雖經由劉向個人完成，但還是帶著濃重的官方政令的痕跡。而隨著書籍流通與造紙印刷等技術的發展，書籍往還在士大夫間逐漸普及，私人性逐漸鮮明，並形成了以知名藏書家為中心的書籍交往圈。他們以家藏為文化資本，對來讀書借書的士人予以方便，以至來者甚眾，在某種意義上形成了一定區域內的文化中心。

同時，由於藏書的私人性，士人對於是否開放、向誰開放藏書也存在分歧。唐人有「借書一癡」之說〔註154〕，以示對自己私藏的珍視，也說明在時人眼中，保藏與交流尚有界限。及至宋代，隨著印刷技術的進步和社會風氣的變化，「借書一癡」逐漸演化為「借書一瓻」，意為以一瓻酒作為借還書的代價。這不但暗示了私人藏書封閉性和神秘色彩的削弱，更為書籍交往增添了禮儀化、程式化的元素，凸顯了士人對於藏書以及借書的重視程度與日俱增。

雖然私人藏書在某種程度上存在流通性和開放性，但永加保藏才是絕大多數家族藏書的終極理想。考慮到藏書本身不僅是富有象徵知識的意義，還是知識的實際載體，可以作為一種家族財產加以處理，藏書天然就具有繼承性。這種繼承性使它如其他家族產業或者財產一樣可以由家族領導人自行支配，他們可以選擇如何處理書籍。換而言之，家族在承襲藏書的同時，也繼承了祖輩父輩的知識特權，並有權力對知識進行開放或者封閉，乃至更進一步，家族繼承者有權力規定限定的受眾如何獲取、使用和加工這批打著家族烙印的知識財產。

在建立藏書之後，獲得藏書家身份認同的士紳們往往採取制定藏書約的形式規定子孫乃至家族後輩的獲取、儲藏、流通、鑒定、分類及閱讀方法。他們不僅希望把藏書以實體資本的形式傳諸後世，還希望通過書面規約的方式授子孫以漁，把「好書善讀」內化為家族傳統。

以著名的《澹生堂藏書約》為例，作者祁承㸁最被學界推崇的不僅是搜羅的珍本異書，而是其留與族中子弟的「購書三術」（眼界欲寬、精神欲注、心思欲巧）、「鑒書五法」（審輕重、辨真偽、核名實、權緩急、別品類）〔註155〕。

〔註152〕張固也：《〈管子〉研究》，濟南：齊魯書社，2006年，第51頁。

〔註153〕曹之：《中國印刷術的起源》，武漢：武漢大學出版社，1994年，第58頁。

〔註154〕（清）杜文瀾輯，周紹良整理：《古謠諺》，北京：中華書局，1958年，第785頁。

〔註155〕（明）祁承㸁等：《澹生堂藏書約（外八種）》，上海：上海古籍出版社，2005

這些從多年文獻工作中提煉出的技巧和方法除了表達與闡發自己的文獻學理念，祁氏還寄望於子弟把自己的見解進行實踐與深化，使之成為家族文化的一部分。而類似家族藏書文化的內核，實質上就是對書籍的鑒別與選擇，這證明了在該領域內家族性的專家身份，而細緻的甄選策略也賦予了購書、藏書、讀書的日常行為以不言而喻的嚴肅性和神聖性。

更重要的是，在大多數的場合，這種具有象徵意義的專家身份對非家族成員具有相當強的排外性，所謂「子孫讀之知聖教，鬻及借人為不孝」〔註156〕。這從藏書樓這一名謂亦可見一斑，保存並留於子孫是大多數士紳建立藏書樓初始動機。對於以藏書家身份積累文化聲名的士人來說，「子孫不能守」〔註157〕導致藏書散佚無疑是痛心疾首之事。從後輩藏書家的記述中，也透露出，因家族後人不可保藏而使圖籍散出，作為家族文化象徵的「一篋書」不復存在，同時就暗示了家族文化權威的旁落和家族文化的難以為繼，從而與家族命運緊密相連〔註158〕。故而，藏書家在世時總一再叮嚀並以藏書約、藏書印等各種文字形式訓示子孫永寶藏書，保證對書籍世代佔有。這種佔有不惟有排外性，還有一定程度的封閉性，書籍不能隨意地取出閱讀。這也是為何在大多的中國古代私家藏書史敘述中，私家藏書常常被視作藏大於用，甚至有學者認為藏書樓與圖書館的本質差異就是「藏」與「用」的分歧〔註159〕。

私家藏書呈現出高度「佔有性」和「私密性」〔註160〕，這固然是不爭的事實，但同樣有很多藏書家意識到「聚而必散，物理之常」〔註161〕。考慮到僅依靠藏書與傳授藏書方法不足以維繫家族對文化權力的把控，士人又在某種範圍和程度內對藏書抱有一定的開放態度。比如有藏書家在子孫無力保藏

年，第 15～25 頁。

〔註156〕（明）祁承㸁等：《澹生堂藏書約（外八種）》，上海：上海古籍出版社，2005年，第 14 頁。

〔註157〕（宋）王明清撰，田松青校點：《揮麈錄》，上海：上海古籍出版社，2012 年，第 89 頁。

〔註158〕（清）葉昌熾，王欣夫補正，徐鵬輯：《藏書紀事詩》，上海：上海古籍出版社，1989 年，第 5～6 頁。

〔註159〕吳稌年：《圖書館學術思想史研究中的若干概念問題》，《圖書館》，2009 年第 2 期，第 29～31 頁。

〔註160〕李楠、李傑：《中國古代藏書》，北京：中國商業出版社，2015 年，第 126 頁。

〔註161〕（宋）袁褧、（宋）周輝撰，尚成、秦克校點：《楓窗小牘 清波雜志》，上海：上海古籍出版社，2012 年，第 76 頁。

的情況下，將珍藏的圖書付與好友〔註162〕。

二、瑞安孫氏的藏書建設

在孫氏家族力圖在金錢會事件後重正聲名的過程中，文獻和書籍活動佔有重要的比例。在開展早期個人社交時，孫氏兄弟即借用自著來實現書籍往還，例如：

> 咸豐六年……朱伯韓出所著《怡志堂詩》初編八卷稿見示，衣言加評於冊端：「奇氣勃發，如萬斛泉源不擇地湧出，良由言之有本，於古人中真可並驅觀矣。」〔註163〕

> 咸豐七年……長洲彭琮達相國蘊章，以所著《松風閣集》見詒，衣言賦詩答謝，相國稱善。〔註164〕

> 咸豐八年……衣言以《盤谷草堂詩集》出示實甫先生。〔註165〕

隨著家族策略的調整，孫氏的書籍活動更趨豐富。如前所述，孫衣言兄弟徵集了大量的鄉邦文獻，並予以付梓出版，構造了以自己為中心、門生故交為分支的鄉邦文獻網絡。這樣龐大的文獻網絡不能僅僅依賴同儕的借用和友朋的贊助，更多的是以孫氏自家的藏書作為支撐。由此瑞安孫氏不但在藏書數量上頗為可觀，在內容乃至版本上也形成了獨到之處，使其不僅在鄉邦層面上成為權威，在文獻學視角下也成為受到廣泛關注的重鎮。

瑞安孫氏的藏書向為文獻家所讚賞，其組織與構建過程並非僅出自於孫衣言父子的個人喜好，而是作為孫氏掌控地方文化權威策略的重要步驟進行的。眾所周知，藏書活動在重視文教的地方士紳間非常普遍，他們以宏富的藏書為傲。以量為基礎，士紳也需要通過突顯藏書在版本和內容上的特點來

〔註162〕如晁公武《〈郡齋讀書志〉序》：「（井度）與余厚，一日，貽書曰：『度老且死，有平生所藏書，甚秘惜之。顧子孫稚弱，不自樹立。若其心愛名，則為貴者所有；若其心好利，則為富者所有；恐不能保也。今舉以付子，他日其間有好學者，歸焉。不然，則自取之』」（（宋）晁公武：《昭德先生郡齋讀書志》，上海：商務印書館，1937年，第6頁）。

〔註163〕孫延釗：《孫衣言孫詒讓父子年譜》，上海：上海社會科學院出版社，2003年，第29頁。

〔註164〕孫延釗：《孫衣言孫詒讓父子年譜》，上海：上海社會科學院出版社，2003年，第34頁。

〔註165〕孫延釗：《孫衣言孫詒讓父子年譜》，上海：上海社會科學院出版社，2003年，第37頁。

贏得專業領域內的認可。瑞安孫氏崛起之前，當地以藏書名世者為孫衣言一直推崇的二舅氏項霽、項傅霖，號稱「收藏積數萬卷」〔註166〕，兩人的藏書處水仙亭、株樹樓在士紳間也有一定名望。孫氏更是極稱「吾鄉之有藏書，自先生兄弟始也」〔註167〕。但是由於二項及其子輩在仕途上屢遭挫折、無所進取，藏書為其提供的文化話語權終究有限，直至孫輩——曾受教詒善祠塾的項崧考中進士，並積極與孫詒讓、黃紹箕等合作推行時務、開展新教育，才使項氏水仙亭之名重彰。正是因為藏書名家的相對匱乏，給瑞安孫氏通過藏書成為地方知識存儲權威留下了空間。

雖然據孫衣言及其後人敘述，孫氏自先輩即開始注意收藏書籍〔註168〕，但瑞安孫氏真正躋身知名藏書家之列，則要待孫衣言成年並在仕途上有所積澱之時。考察孫氏藏書積累的過程，與當時許多後起的藏書名家一樣，對於當時文化秩序破壞極大的東南戰亂反倒成了他們重建文化權威乃至文化秩序的良機。有學者認為孫氏家族真正開始「大規模購書」始於同治七年（1868）〔註169〕，與家族策略的調整基本同步。金錢會事後，時孫衣言任職兩江，金陵正是各地學者的集中地，受到戰事影響而散落的故家秘藏讓孫衣言與隨父在寧的孫詒讓找到了迅速擴充藏書量和提升藏書版本質量的捷徑。孫衣言「清俸節餘，輒命詒讓購求善本經籍。力不能得者，或假校異同，未有刻本者，則傳寫副帙，累十餘年，積數萬卷。」〔註170〕是故這一時期堪稱孫氏藏書的巔峰期。除了憑藉多年的經濟基礎多方求購，在士紳交往圈流行的書籍往還同樣是孫氏建立藏書系統的有力輔助途徑。藏書也成了孫氏通過書籍活動織就交遊網絡、累積文化權威的又一取徑。據孫衣言在世時已編訂的《玉海樓曬書目錄》與《經微室書目》，孫氏特別為藏書開列「師友投贈」一門，羅列與包括曾國藩、錢泰吉、何紹基、方東樹、俞樾等在內的諸多名人的書籍交往，從此可略窺孫氏藏書豐富的過程同時也是交往渠道擴張的過程。

隨著刻書活動的展開和留心鄉邦文獻的名聲日益傳播，孫氏在藏書家、

〔註166〕 孫延釗：《浙江疇人別記（三）》，《浙江通志館館刊》，第一卷第三期。

〔註167〕 （清）孫衣言：《項氏二先生墓表》，《遜學齋文續鈔》，清光緒間刻本。

〔註168〕 參見宋炎《記瑞安孫氏玉海樓藏書及與兩浙人文之關係》（《圖書展望》，1947年第10期，第29頁）。

〔註169〕 葉純芳：《孫詒讓〈周禮〉學研究》，新北：花木蘭文化出版社，2013年，第80頁。

〔註170〕 孫延釗：《孫衣言孫詒讓父子年譜》，上海：上海社會科學院出版社，2003年，第175頁。

書商和有志於書籍活動的士紳間形成了對鄉邦古籍的吸引力和輻射力。在各種固定或偶然性的購書、得書渠道的支撐下，孫氏藏書不僅在質、量上均有可觀，也以鄉邦文獻和自刻《永嘉叢書》等為中心構成了鮮明特色。及至光緒五年（1879），孫衣言內召太僕寺卿，命孫詒讓從金陵先行返鄉，隨行所載已有書籍甚富。

返鄉初期，孫氏於詒善祠塾東遜學齋置放藏書，作為家塾的附屬機構，則是孫氏早期的藏書空間。因藏書已足以從祠塾中獨立，也因為附屬性空間已不能滿足孫氏的家族文化戰略，孫氏於光緒十一年（1885）間起意別建藏書樓。從原有的附屬機構轉型而成獨立的專門性的藏書場所，新建的藏書樓——玉海樓在建築設施與儲藏條件下自然是需要優於遜學齋的。換而言之，建築條件上的先進性與周全度是保障玉海樓文化地標地位的物質基礎。玉海樓在選址及建築上比較明顯地參考了天一閣，「木構重簷，坐北朝南」〔註171〕。玉海樓分兩進院落，各闊五間，錯落著天井迴廊，製造空間感。與大多數藏書樓一樣，玉海樓也極為重視火災的預防，不僅選址上即特意選定金帶橋邊，使之三面環水。在樓內還設有若干防火山牆，以隔斷火源，爭取救火時間。

據孫延釗記載，孫氏藏書樓的建立受到天一閣藏書的影響，這並不僅僅由於天一閣蜚聲海內並為文瀾閣等官方藏書場所借鑑的設計理念和建築設施，更是觸動於龔氏、范氏把藏書作為紐繫家族鎖扣的家族文化策略。這段打動孫衣言的原文如下：

> 聞合肥龔芝麓尚書所藏書，亦至今未失，其家專以一樓度之，命一子弟賢者專司其事，借讀出入，必有簿籍，故其存也獲久。聞范氏之家法，蓋亦略與同焉。夫一人之心，視其子孫皆一也。而子孫輒好分異，以書籍與田宅奴僕資生之具同析之。至有恐其不均，翦割書畫古蹟者，聞之使人悲恨。然則藏書非必不可久，抑其子孫之賢不異也。〔註172〕

此段文字頗動孫衣言之心，他特為圈點而出。孫氏所重視者，正是藏書對於維繫家族繼承性的紐帶意義。他期待藏書樓的構建能夠為家族藏書添上

〔註171〕浙江圖書館志編纂委員會編：《浙江省圖書館志》，北京：中國書籍出版社，1994 年，第 59 頁。

〔註172〕（清）姚鼐：《陳氏藏書樓記》，劉季高點校：《惜抱軒詩文集》，上海：上海古籍出版社，1992 年。

一份神聖性與共有性，讓家族子弟領會自己保藏圖書並且傳承文化家族認同的苦心。於是藏書樓這一象徵性建築的構築也就成為必須。光緒十四年（1888），借為孫詒讓卜居新所之際，孫衣言建造玉海樓，清點藏書約八九萬卷，借王應麟《玉海》之名，並撰《玉海樓藏書記》以明建樓之旨。

> 予家自先大父資政府君隱居種學，好聚圖籍。兒時見先世舊藏，多前朝善本，丹黃殆遍，經亂無復存者。予初官翰林稍益購書，以祿薄不能盡如所欲。同治戊辰復為監司金陵，東南寇亂之餘故家遺書往往散出而海東舶來，且有中土所未見者。次兒詒讓亦頗知好書，乃令恣意購求，十餘年間致書約八九萬卷，雖視深寧所見未能十之四五，然頗自謂富矣。舊居褊隘，苦不能容。今年春閒次兒卜築河上，乃於金帶橋北別建大樓，南北相向各五楹，專為藏書讀書之所，盡徙舊藏，度之樓上，而以所刊《永嘉叢書》四千餘版列置樓下，以便摹印，因取深寧叟所以名書者，以名斯樓，手書榜以表之。我子孫中如有得天雋敏而加之以好學，能讀終遺書，而知其可好，則可以盡讀他書，能盡讀他書，則豈惟我樓所藏，雖深寧所未見皆可以遍覽而悉通也。異時詞章之美、著述之富庶，幾亦如深寧，斯不謂之可寶也乎。復取古人讀書之法，及我今日藏書之意，具為條約，揭之堂壁，鄉里後生有讀書之才、讀書之志而能無謬我約，皆可以就我廬讀我書，天下之寶固不欲為一家之儲也。〔註173〕

在孫衣言的筆下，藏書不僅僅是其科舉成名後的個人行為，而是內嵌在家族傳承的主線之中。他自言「予家自先大父資政府君隱居種學，好聚圖籍。兒時見先世舊藏，多前朝善本，丹黃殆遍，經亂無復存者。」〔註174〕前已備述，孫希曾不以讀書為業，亦不以藏書見知，而孫衣言把藏書活動家族化，賦予好書、致書、藏書的一系列行為繼承祖訓家風的色彩。

玉海樓寄託了孫衣言構建家族文化的宏願，也反映了東南戰亂不獨給孫氏家族帶來了重大打擊和傷害，也給孫衣言的家族轉型打造了不可錯過的時機。而不需在官場勾心鬥角讓孫衣言的繼承人孫詒讓得以投入更大精力於興趣所在的文獻典籍乃至金石之學，對故家遺書具有相當高度的鑒賞能力，讓玉海樓有了「頗自謂富」的書藏充實內涵，不致名不副實。建成的玉海樓除

〔註173〕（清）孫衣言：《玉海樓藏書記》，《遜學齋文續鈔》卷三，清光緒間刻本。
〔註174〕（清）孫衣言：《玉海樓藏書記》，《遜學齋文續鈔》卷三，清光緒間刻本。

庋藏圖書、展示搜集與刊刻的鄉邦文獻成果以外，還被賦予了超乎個人乃至家族文教設施的功能：「鄉里後生有讀書之才、讀書之志而能無謬我約，皆可以就我廬讀我書，天下之寶固不欲為一家之儲也。」〔註175〕如前所述，孫衣言的理想家族是由族而鄉，通過構建家族文化而沾溉一方。玉海樓與詒善祠塾一樣，雖為孫氏所私有，卻並非僅服務於孫氏子弟，鄉里後學願意從屬於孫氏制定的秩序軌範者也可以享受到孫氏家族設施提供的資源。然而，能夠入詒善祠塾和借閱玉海樓藏書的前提，則是對孫衣言及孫氏文化權威的承認與服從，具體表現就是對《詒善祠塾課約》與《玉海樓藏書規約》的絕對遵守。

三、《玉海樓藏書規約》

　　書籍的獲取固然是家族藏書建設的基礎，但如何為具有較大規模的藏書制定合理的收藏與使用的秩序才是提升與鞏固家族文化資本實體化成果的關鍵。福柯曾說：「歷史對文獻進行組織、分割、分配、安排、劃分層次、建立序列、從不合理的因素中提煉出合理的因素、測定各種成分、確定各種單位、描述各種關係。……歷史力圖在文獻自身的構成中確定某些單位、某些整體、某些序列和某些關聯。」〔註176〕身為家族史的書寫者，孫衣言及孫詒讓在構築了玉海樓這一家族文化的實體象徵之後，還希望能樹立文化縱向承續和橫向傳播的規範，即建立帶有鮮明家族印記的文獻序列，以及築基於此的閱讀秩序。

　　西方書籍史學者非常關注圖書在流通和傳播過程扮演的角色，以及讀者在獲取知識時的閱讀行為。有研究者認為「閱讀被雙重因素所限定，一方面是書作為交流媒介的屬性，另一方面是讀者內在化並且交流必須在其中發生的一般符號代碼」〔註177〕。這種視角著眼於流通過程中的書籍，視圖書與讀者的互動（即「閱讀」行為）為書籍的作用方式，把讀者及其閱讀行為作為書籍史研究的中心〔註178〕。中國書籍史中，閱讀行為同樣應當佔據重要

〔註175〕　（清）孫衣言：《玉海樓藏書記》，《遜學齋文續鈔》卷三，清光緒間刻本。
〔註176〕　（法）福柯著，謝強、馬月譯：《知識考古學》，北京：生活・讀書・新知三
　　　　　聯書店，2003 年，第 6 頁。
〔註177〕　（美）達恩頓著，鄭國強譯：《法國大革命前的暢銷禁書》，上海：華東師範
　　　　　大學出版社，2012 年，第 188 頁。
〔註178〕　David Hall: *Cultures of Print: Essays on the History of Book.* Amherst University
　　　　　of Massachusetts, 1996, pp.31.

位置，但因為中國書籍貯藏文化的悠久與博大，研究者往往忽視了被視為封閉的私人藏書在閱讀環節的運作方式。鑒於士紳藏書有限的流通性，它們的讀者群往往是經過身份過濾和識別之後形成的。對於如此有侷限性的受眾群體，閱讀行為的主體——讀者反而會受到藏書所有者的約束。士紳藏書家常通過構建自己理想的閱讀秩序來使得讀者從屬於自己設想的文化理念和知識體系，甚至借用藏書規約這一形式向非讀者傳播自己及家族所努力塑造的知識系統。士紳及士紳家族藏書所訂立的藏書約往往或多或少地傚仿祁承爜的《澹生堂藏書約》，從獲取、閱讀、鑒定等幾個步驟樹立軌範，以備家族子弟遵循。

《玉海樓藏書規約》條目眾多，基本可以概括為貯藏、流通、閱讀三個部分內容。玉海樓在建築上參考與借鑒了文瀾閣與天一閣，對安全性尤其防火最為重視。玉海樓藏書據《四庫全書》分類編纂書目，「每書一部共若干本若干卷，係何時刻本鈔本，曾經何人收藏，何人批校，有何題跋印章，係何等紙張，一一開載明白」〔註 179〕，務求詳盡，以便讀者即類求書。對此私人藏書目，孫衣言保持一定開放性，命「每門各留空白數頁」，以期有志於此的「賢子孫」能夠時時續補。現存數種玉海樓書目，於初建之時也確有所遞補。1911年夏秋之間，孫衣言之孫延畇、延烱等檢曝玉海樓遺藏全部，略作統計，古籍計經部有三千七百二十五冊，史部有一萬零二百三十四冊，子部有二千七百十二冊，集部有四千五百十五冊，此外有新書二千六百四十三冊，雜誌二十九種一千四百七十七冊，報紙十一種，有數種合訂為一冊者，亦有一種分訂若干冊者，計有三百零五冊〔註 180〕。以此可知，截至此時，玉海樓的整體和各大部類圖書貯藏量達到了怎樣水平。

由前所備述的孫氏家族的文獻整理與出版工作不難想知，玉海樓藏書以富藏溫州鄉邦文獻為最大特色，在量與質兩個標準上在地方上可稱獨一無二〔註 181〕。除此以外，據張憲文考察，凡「鄉賢之抄稿本，則卷面均有孫衣言

〔註 179〕（清）孫衣言：《玉海樓藏書規約》，張憲文整理《瑞安孫氏規約數種》，莊建平主編《近代史資料文庫第 10 卷》，上海：上海書店出版社，2009 年，第 113 頁。

〔註 180〕孫延釗：《孫衣言孫詒讓父子年譜》，上海：上海社會科學院出版社，2003 年，第 364 頁。

〔註 181〕參見陳東輝《玉海樓藏書特色與孫詒讓學術、教育思想之關係——兼論浙江大學圖書館所藏孫詒讓稿本的真實情況》，中國訓詁學研究會編《孫詒讓研究論文集》，南昌：百花洲文藝出版社，2007 年，第 129～140 頁。

手書之書目、著者及鄉里之標誌」〔註182〕，以此彰顯地緣關係在家族知識體系中的特殊意義。

對於如何保藏，孫氏可謂細緻，在《藏書規約》中借鑒了其他知名藏書家的先例，規範了藏書櫃的形制、書櫃的排序方式、防蟲除垢的方法乃至曝曬、修復各方面的內容。購置及保存圖書所需的經費由專款承擔，「今撥入蕩園二百畝，另每年租息約近二百千左右」〔註183〕，由孫詒讓收管。每年從中支取費用補買書籍、刊書、抄書等各種開支。孫衣言留下安排，命從此以後玉海樓的管理均由二房即孫詒讓子孫中「擇其敦書好學者一人或數人謹慎掌理之」，明言「不許分藏」〔註184〕，可見其對藏書這一家族共產完整性的重視。

相對於保藏方面，對於借閱流通乃至閱讀方法，孫氏要求更為嚴格，關於借閱流程，他要求：

> 一、樓中書籍不許管書人私自攜出或借出。如有各房子弟或外人來閱，先具一字條，開明何書，陳報主人，經許可後乃借之。然亦只許逐日在樓下坐閱，首函閱畢，再行換給次函，不得一次全部取出。其無函無套者，每次給予四五本，閱過換取。
>
> 一、管書人應備號簿一本，登明某人某日借閱樓上某書，歸還之日，注明銷號。所借書從何架何疊取出，歸還時仍放原處，不得隨手放置，致有錯亂散失。〔註185〕

藏書家以珍藏為第一要務，孫氏亦不外於此。雖云開放，實際上也只是相對於秘不示人者較為開通，也曾一度以書不出樓為基本要求。據孫氏後人，直至孫衣言過世，孫詒讓對來閱諸人更為寬容，方允許登記取出。

有學者認為「家族建立藏書的目的是為了讓族中子弟尤其是貧困家庭的子弟有書可讀，能完成知識啟蒙和基礎學業，所以家族藏書優先考慮的是封

〔註182〕 張憲文：《仰雲樓文錄》，香港：天馬圖書有限公司，2000年，第104頁。

〔註183〕 （清）孫衣言：《玉海樓藏書規約》，張憲文整理《瑞安孫氏規約數種》，莊建平主編《近代史資料文庫第10卷》，上海：上海書店出版社，2009年，第113頁。

〔註184〕 （清）孫衣言：《玉海樓藏書規約》，張憲文整理《瑞安孫氏規約數種》，莊建平主編《近代史資料文庫第10卷》，上海：上海書店出版社，2009年，第115頁。

〔註185〕 （清）孫衣言：《玉海樓藏書規約》，張憲文整理《瑞安孫氏規約數種》，莊建平主編《近代史資料文庫第10卷》，第114頁。

建士人必讀的一些最基本的圖書」〔註186〕。儘管在保證子弟有書可讀的基本目的上，類似孫氏的家族藏書同時還抱有塑造家族文化的動機，但是他們也在《藏書規約》中透露出對家族子弟閱讀對象的選擇。

　　針對如何使用藏書，如何讀書，孫衣言更是借機傳遞其學術理念，以期通過建立以玉海樓為中心的書籍流通體系移風易俗，引領地方學風。除了出於保護書籍的考慮禁止讀者對藏書施以丹黃、擅加塗抹以外，孫氏更突出了書籍與讀書活動的象徵意涵。

　　一、讀書如對嚴師莊友，不可跂倚傾側，或敧枕燈火之旁。閱時，先將樓下几案拂淨，用蘭布一方擁在几上，再將所借書取出，打開函帙，正身端坐，細心閱讀。不得以指甲搯裂中縫及以唾揭取紙函。閱畢一本，即將此本安放底下，書腦向左，以次照式逐本迭起。看竣一函，將全函揭轉，書腦向右，則次序不致倒亂，隨將函帙扣好，還歸管書人，再換取次函。其逐日閱看，或十頁，或廿頁，各於紙角略略搯入寸許，以便明日續讀。

　　一、讀書不宜躐等。我樓所藏多經史百家精深博大之著作，本非淺學所能領略。凡初入庠序者方治舉業，自有學塾通行諸書如諸經、史漢、《通鑑》、《通志堂經解》、唐宋八大家及坊俗所行古文、古詩、唐詩選本、一切類書，塾中粗備。如能逐部讀過不遺一字，而能得其行文取材之法，亦不失為佳士，取科第、致通顯有餘裕矣。若真有天資穎異，有志通今知古者，方可借閱樓中所藏。然亦須自立定主意，抱有恒心，欲讀何家經說，何代史志，何朝政書，何家詩文，指定一部，照前所約定開具清單，先取一函或一套或四五本，讀畢換取。務在循序漸進，不可喜新厭故。……如今日讀經覺其難解，明日遂欲棄經而讀史，今日讀此冊未畢，明日又欲換別書，則心先未靜，何能學、是徒亂人插架，於己全無所裨，非吾約也。

　　一、古人謂讀書百遍其義自見，此亦甘苦切要之言。然果潛心索解，亦何至必須百遍。予平生讀史傳及古人文章，每一篇即用丹筆點出句讀，第三遍乃審其精神脈絡，文采高麗之處，略加圈點。如此三次往復，古書古義十已得七八矣。至如《左氏》、《國策》、

────────────

〔註186〕江慶柏：《明清蘇南望族文化研究》，南京：南京師範大學，1999 年，第 236 頁。

《史》、《漢》、韓杜歐曾蘇黃諸家詩文，金銀紬繹，愈讀愈有所得，
又豈可限以百遍耶？今日少年子弟無論古書不能多讀，即極淺極陋
所謂時文試帖者，每部或讀一兩篇，每篇或讀一兩遍，張口呼號，
其聲甚悲，而其心不知何往，不數日又棄而他求，此乃所謂兒戲，
豈可謂之讀書！〔註187〕

　　如是藏書約種種，所訂立的不再僅僅是針對藏書的書籍秩序，更是針對
使用者所制定的一系列閱讀秩序。它的實際效用是與推廣永嘉之學尤其是詒
善祠塾的經營相配合，起到重塑家族地方形象的效用。這種通過佔有藏書以
更易並塑造家族風氣的做法在士紳間並不罕見，祁承爍《澹生堂藏書約》即
有言「養子弟如養芝蘭，既積學以培植之，又積善以滋潤之」。藏書隱含著的
積學積善的文化內涵是士紳們不惜重金開闢專門空間存儲的原因，讀書即發
揮其內涵的方法。孫衣言於此申揚其所傾心的宋儒讀書為學之法，力斥其眼
中的歧途末流。一方面從學問角度抨擊「今日讀此冊未畢，明日又欲換別書」
的具體做法；一方面則對由科舉主導的求學體系發起質疑。相較於詒善祠塾
對科舉體系的遵守，藏書的個人性、私有性給了孫衣言更大的自由度以闡揚
自己的個人讀書見解，也給其更充足的底氣以引導者之姿嘗試奠定具有一定
輻射力的獨樹一幟的學風。

　　知識活動的神聖性是孫衣言之類士紳一再強調的，掌控與繼承這種神聖
性的特權對他們至為重要。為突出這一文化特權，孫衣言於私人藏書樓下設
祭，每年二月倉頡生日、八月孔子生日均要舉行祭祀，「以漢時諸經師及宋時
五子暨吾鄉諸大儒配享，凡在詒善祠塾肄業及房族子弟之有志於讀書治學者，
皆得與祭。」〔註188〕通過私人設施營造公共空間，孫衣言試圖建構一個儒家
學術主導下的具有強烈地緣、血緣色彩的「諸神堂」，在舊有文化記憶的基礎
上把玉海樓包裝成新的文化記憶象徵。

　　詒善祠塾與玉海樓都是孫衣言編織地方文化權力網絡的線索，每個參與
者都是這一網絡的組成部分。參與的具體形式除了就讀祠塾或者讀書玉海樓，

〔註187〕　（清）孫衣言：《玉海樓藏書規約》，張憲文整理《瑞安孫氏規約數種》，莊
　　　　　建平主編《近代史資料文庫第 10 卷》，上海：上海書店出版社，2009 年，第
　　　　　114～115 頁。

〔註188〕　（清）孫衣言：《玉海樓藏書規約》，張憲文整理《瑞安孫氏規約數種》，莊
　　　　　建平主編《近代史資料文庫第 10 卷》，上海：上海書店出版社，2009 年，第
　　　　　116 頁。

還有對孫氏的支持。如與孫氏交好且以書法著稱的李文田即以題寫「經微室」
與「玉海樓書藏」匾額的方式表示對孫氏文化權威的認可。時任要職的潘祖
蔭也曾親題「玉海樓」三字隸額，並留跋「琴西世丈，以深寧叟名其書者顏其
藏書樓，且以公諸鄉里後生之能讀書者，其用意深厚已」〔註189〕，表示官紳
圈子中對孫衣言在地方文教中領袖地位的贊同。

〔註189〕孫延釗撰，曹海花點校：《瑞安孫氏玉海樓出品答問》，溫州市圖書館《溫州
歷史文獻集刊》編輯部編《溫州歷史文獻集刊（第三輯）》，南京：南京大學
出版社，2013 年，第 264 頁。

第五章　孫氏家族文化形象的固化

第一節　孫詒讓的家族策略：繼承與修正

一、重涉團練

　　光緒十六年（1890），孫衣言離世，享年 75 歲。當其時，無論在瑞安乃至溫州界域內外，瑞安孫氏都已經以整體的身份被他人所認識。經過孫衣言及孫鏘鳴的努力，原本鬆散單薄的孫氏家族後起於鄉。時人以文化家族認識的孫氏家族，實際上是以孫希曾三子一支為中心人物的家族文化核心。孫衣言兄弟從辦團失敗的教訓中提煉經驗，分析時代需要和環境限制，結合自身的知識積累和優劣勢，在短短數十年時間「製造」了以復興永嘉之學為核心符號的文化家族。雖然盤谷孫氏由來有自，但作為文化家族的孫氏家族則來自於孫氏兄弟的親手打造和苦心經營，孫衣言則堪稱這一文化成果的製造者。

　　原本鬆散的家族關係給了孫衣言三兄弟自成一脈的契機，同時他們也利用血緣關係和自身的威望，維持著以祖地為生活中心的孫氏其他族眾一定程度上的依附。正是由於孫衣言兄弟三房的相對獨立性，孫衣言對三房內家族事務擁有絕對的領導權，類似詒善祠塾、玉海樓之類家族設施的日常維護和運行也都掌握在他手中。隨著他的離世，家族的發展方向面臨著又一個十字路口。孫衣言離世時，孫鏘鳴也已年逾古稀，孫衣言兄弟的子輩雖然不乏俊彥，但卻屢遭不幸。孫衣言長子孫詒谷死於金錢會事；孫嘉言之子孫詒燕被

寄予厚望，卻於光緒五年（1879）早逝，年不過二十五；孫鏘鳴之子孫詒棫等雖然小有名氣，但年齒、成就遠小於孫詒讓。作為孫衣言唯一在世的兒子，孫詒讓既是其當然的繼承人，也憑藉其豐富的遊歷經驗、出眾的個人成就和積極的入世態度積攢了相當的聲望，成為孫氏家族在地方上的新代言人。孫衣言手製的文化家族形象能否維繫、並為更多人接受自然會受到孫詒讓的家族經營甚至個人行為的直接影響。孫詒讓在地方上的作為，學界已有較豐富的研究，但從其作為家族的代表人物如何接續與修正其父家族經營策略的角度，孫詒讓的在地方社會中的作為仍值得多加留意和考察。

與科舉起家並遊宦各地的孫衣言、孫鏘鳴不同，孫詒讓在考場上甚不得意，在光緒二十年（1894）八試禮部不第後，便不再入都求進，而是回歸鄉邦，以溫州為自身發展的根據地。正因於此，孫詒讓缺乏一個堂而皇之的官方身份為其參與地方政治、文教活動提供依據甚至謀求庇護。他可以倚恃的主要資本一方面來自於家族的物質遺產與文化遺產，一方面來自於其多年來對經學、子學、文獻學及金石學鑽研琢磨的所得。前者既是孫詒讓據以經營家族的基石，也是他實踐自己的經世理念的平臺和工具；後者則更多出自於孫詒讓的學術取好和興趣，這也是多數人對其冠以「樸學大師」之謂的原因。但其關注重點並非始終限於學術範疇，據其自述「余少耽雅詁，矻矻治經生之業。中年以後，欵念時艱，始稍涉論治之書，雖秉資暗弱，不足以窺其精妙，而每覯時賢精論，輒復欣喜玩繹，冀以自藥頑鈍」〔註1〕。孫衣言留給孫詒讓的不僅是豐厚的家產、完善的家族設施、已具規模的「文化家族」形象以及家族與永嘉之學的緊密聯繫，還有孫詒讓承繼了其多年積累的人際交往網絡，尤其是和黃氏、項氏等已成氣候的地方士紳家族之間長期的友好關係。中年之後絕意於仕進，意味著孫詒讓不再試圖把自己的「論治」之志通過官方渠道施用於一方，而是充分利用所擁有的個人能力和家族力量滲透到地方各方面公共事務。

光緒二十年（1894），四十七歲的孫詒讓正要把更多精力投入地方。恰當其時，中日甲午戰爭爆發，溫州地處沿海，也有波及之危。是年七月，瑞安縣復設籌防局，孫詒讓重新步入多年前父輩未能成功的道路，於當年九月出任籌防局總董。此時孫詒讓參與防務，與孫鏘鳴辦團雖有類似，但多有差異。

〔註1〕 （清）孫詒讓：《沈儷昆富強芻議敘》，雪克點校《籀廎述林》，北京：中華書局，2010年，第27頁。

孫鏘鳴自命「奉旨歸鄉辦團」，不僅聲勢浩大，而且一副不受地方官挾制、與地方政府分庭抗禮之勢。諸如興建安義堡、向鄉紳籌資募捐種種，對瑞安、平陽乃至溫州的官員都形成了潛在威脅，甚至引發了部分紳民的不滿，也因此最終被冠以「激變」的罪名。而此時的孫詒讓除了孫衣言之子、地方鄉紳代表以外，只有一個「刑部主事」的虛銜作為官方身份，對地方官員有高度依附性，其籌防計劃需要經由道府付諸實施。對地方官的順從不但是吸取家族教訓，更是現實形勢的必然要求，他無權也無力以一家之力自行其是。先是，孫鏘鳴辦團，設局籌捐，局中諸人多與孫氏昆仲有著千絲萬縷的關係，透露出孫氏對於辦團籌捐的把控程度。而在這次所設的應急機構——籌防局中，孫詒讓雖號稱總董，但其與會辦局的諸紳間關係複雜。在主要參與者中，許黻宸曾任孫鏘鳴家塾師；而沈鳳鏘則是在金錢會事前後與孫鏘鳴交惡竟至形同水火的沈渙瀾之子。經過時間的推移、局勢的更易和孫氏兄弟的努力，孫氏家族在涉及地方的具體公共事務尤其事關政治之時，也會和曾經存在對立甚至仇恨的士紳及其後人共存與合作。沈鳳鏘不僅是孫詒讓籌防時的同事，在數年後發起組織瑞安務農支會時也是其合作夥伴。

　　相比於孫鏘鳴把辦團籌捐當作防患未然、樹立威望之舉，孫衣言把營築家堡視為實現鄉族理想之道，孫詒讓一生中兩次介入籌防辦團則都有更現實的環境壓力。光緒二十年（1894）的瑞安籌防應對的是朝鮮局勢的緊張，備戰防寇是首要目標。孫詒讓在上書時任浙撫廖壽豐的條議中分析了瑞安當時面臨的局勢：

> 查瑞邑內接郡城，外瀕大海，洋舶進口，直抵縣城，不過三十餘里，沿海各鄉，梅頭、沙園、東山一帶，隨在可以登陸。明季倭寇，深入內港，直窜泰順，是其明證，則海口萬不可不防。邇來溫、臺近界，槍匪繁夥，搶擄鉤聞。瑞邑山鄉，亦風聞有會匪萌蘗，兼之民教不和，謠傳四起，民無固志，則內地亦不無可慮。當此中東戰釁大開，自宜嚴密籌防，以資保禦。惟是海口徑直，不及郡港之紆曲深固，近城要隘，止有東山一埠江面略狹，既無攻堅之巨炮，又無合式之炮臺，加以綠營單弱，水師均係舊式帆船，不足以禦洋舶。戰守兩端，毫無把握。至於防備內匪，則城垣坍壞，軍火缺乏，又復一無可恃。紳自奉文開局以來，已逾兩月，雖有前兩次辦理海防舊章可以遵仿，而總以地瘠民貧，

力單期迫，急切無可措手。而無識紳富，狃於承平，不諳海道形勢，或謂屬國被兵，遠隔萬里，轉議團防為多事，以致開手舉辦，諸多牽掣。雖踴躍樂輸，不乏其人，而疲戶延宕，比比皆是。始則觀望而不捐輸，繼則慳吝而不繳數，以致辦團購械，無所措手。此瑞邑海防不可不辦而又萬不能遽辦之實在情形也。溫郡為通商口岸，民物繁盛，早為外人所窺伺。瑞邑近接郡治七十餘里，內河陸路，處處可通，萬一敵船內駛，海口不能堵截，一任登陸，即可繞出郡城之後，則直闖堂奧，甌港磐石，綠龍灣諸炮臺腹背受敵，亦恐難以支撐。是則以兵家形式論之，欲固郡防，萬不可不兼顧瑞防之實在情形也。〔註2〕

孫詒讓對瑞安辦防必要性的判斷，主要基於對其地理與人文環境特點的認識。瑞安地理上位於海陸交匯之地、有利於外虜登陸，固然早已被世人公認。關於溫台之地會匪復萌、民教不和、防守薄弱的一系列描述則是孫詒讓對於瑞安官民各種新變化的總結。而他對「無識紳富」的抨擊則暴露了從孫鏘鳴辦團至光緒二十年（1894）一直存在的社會隱患，即此次捐輸過程依然遭到了地方士紳及其家族的抵制。孫詒讓也據此提出了自己的解決方案：

紳自奉文開局，迭次稟商縣憲，會集城鄉紳耆，剴切曉諭，公同商議，惟有先就目前勢不容緩、力所能舉者，酌量興辦。條舉要務，約有六端：一、堵塞海口；二、修理城垣；三、建築炮臺；四、購辦軍火；五、清查保甲；六、籌捐經費。……謹呈計開防辦章程六則：一、海口廣闊，急宜堵塞也；一、城垣坍壞，急宜修理也；一、炮臺緊要，急宜建築也；一、軍火缺乏，急宜購辦也；一、城鄉團練，急宜舉辦也（本邑外瀕大海，內接溪港，轄境甚為遼闊。綠營兵丁，向來不甚得力。前此同治初年，平陽會匪圍城，粵匪犯境，均恃民團竭力戰守，守效可睹；一、經費支絀，急宜勸捐也。〔註3〕

〔註2〕（清）孫詒讓：《甲午瑞安防辦條議》，張憲文輯《溫州文史資料第 5 輯孫詒讓遺文輯存》，中國人民政治協商會議浙江省溫州市委員會文史資料委員會編，1989 年，第 217 頁。

〔註3〕（清）孫詒讓：《甲午瑞安防辦條議》，張憲文輯《溫州文史資料第 5 輯孫詒讓遺文輯存》，中國人民政治協商會議浙江省溫州市委員會文史資料委員會編，1989 年，第 218 頁。

　　孫詒讓所陳條款，實際上是徵求官方給予其軍事設施保障和重新組織團練、籌集資金的權力。孫詒讓不滿足於僅僅在文教事業上有所作為，而是試圖再度干預政治話語。對此廖壽豐批覆：「所陳六條，除城垣已一律竣工、炮臺已飭道酌議、請給炮位，前經諮鎮察撥，並由省局核給洋槍藥帽、團練業已次第舉辦外，其籌款及堵口兩事，應由該鎮道就近察酌情形，飭縣會紳妥辦。候抄批諮行溫州鎮道會商妥議飭遵，並照會該紳知照可也。」〔註4〕儘管對孫詒讓的要求表現出應承支持的態度，但具體的實施卻不甚順利，此事也似乎沒了下文。直至光緒二十六年（1900），瑞安縣團練才告辦成，孫詒讓在名義上總理其事〔註5〕。孫氏在士紳中的地位可見一斑，但其試圖通過政治領域獲得更多話語權則顯得尤為艱難。至光緒二十五年（1899），溫州再起「拳匪」之患，孫詒讓作為士紳團練，雖然也敦與城守，甚至衣不解帶，但具體剿匪事宜，則由地方官主導〔註6〕。

二、議設興儒會

　　光緒中後期的瑞安，士紳辦團練或參與籌防，都是非常狀況下的應急之舉。對於孫詒讓來說，介入地方事務的主要途徑還是凸顯自己的學者身份和家學傳承，以尋求學術與社會事務的結合點，這點也為學界所注意〔註7〕。孫詒讓積極投入地方文教事業，以光緒二十一年（1895）為節點。是年，清軍在甲午戰爭中慘敗，牽動了一系列連鎖反應。其中，康、梁領導的公車上書以及開辦的強學會、強學書局，引發思想界的動盪與顛覆，學會之制一時間蔚為流行。這反映了當時士人心態中普遍存在一種觀念：「上書皇帝的管道不通，保守的勢力彌漫於朝野，不如結合群力，從事研究富強之學，從事教育社會大眾，從事宣傳學術與政治理念」〔註8〕。東南地區雖屬偏僻，但當地士人也

〔註4〕孫延釗：《孫衣言孫詒讓父子年譜》，上海：上海社會科學院出版社，2003年，第259頁。

〔註5〕孫延釗：《孫衣言孫詒讓父子年譜》，上海：上海社會科學院出版社，2003年，第292頁。

〔註6〕參見李世眾：《晚清士紳與地方政治——以溫州為中心的考察》第三章第四節《士紳地方社會主導地位的形成》（上海：上海人民出版社，2006年，第234～254頁）。

〔註7〕參見徐佳貴《晚清士紳與清末地方興學中的國家與社會——以浙江瑞安縣公立中學堂存廢之爭為例的考察》（復旦大學碩士學位論文，2012年）。

〔註8〕張玉法：《戊戌時期的學會運動》，《歷史研究》，1998年第5期，第15～26頁。

頗有同感。瑞安黃氏的子輩黃紹箕、黃紹第主動接受維新理念，參與強學會，並以《強學書局章程》寄示孫詒讓。時值盛年的孫詒讓對學會之制亦抱有深切期待。

戊戌前大量湧現的各種學會，雖然皆受康梁啟發應時而起，但其內容與傾向卻頗多差異。有學者認為，在這一特殊時期，「一方面受傳統文化的影響，另一方面受西式學會的影響，這使有些學會十分傳統，而有些學會既有西方學會的特點又有傳統學會的民主印記。因此，其內部治理的制度設計呈現出原則不統一，制度形式單調、制度內容難以落實、保障乏力等時代特點」〔註9〕。這種二元劃分儘管顯得過於絕對化，但也在一定程度上展現了這一時期學會的一些特點：一方面此時諸多學會良莠不齊，甚至許多學會淪為空想；另一方面這些學會的建立帶有創辦者鮮明的個人性。可以就此為徑，窺探孫詒讓的思想觀念與其父的異同，以及他在社會文教活動中如何闡發和利用家族文化資本。

光緒二十二年（1896）孫詒讓撰寫的《興儒會略例》中，孫詒讓展露了其對中西學術乃至文化的整體態度。

> 竊謂今日事勢之危，世變之酷，為數千年來所未有，中國神明之冑，幾不得齒於為人類，似非僅甄微廣學搜書購器所能撐。鄙人秉資暗弱，於經世之學，夙未究心。然念家承詩禮，忝列士林，睹此危局，覥然人面，不願坐視夷滅，竊冀有魁傑之士，勃然奮興，與寰宇同志集成興儒會。……以尊孔振儒為名，以保華攘夷為實。萬不得已，亦尚可圖劃疆而守。〔註10〕

與康梁以至大多數當時創立學會者相同，孫詒讓認為興儒會產生的歷史時機是「數千年來所未有」的危局。是以其組織建會的基本原則是經世致用，通過學術活動作用於社會現實。其最為急切的目的定位是「保華攘夷」，把學術組織的活動與國家危亡相聯繫，以示其正當與必要性。而值得注意的是，孫詒讓設想的儒學會輻射範圍遠不止瑞安甚至溫州地方而是全中國，甚至遠及海外。孫詒讓希望：「中國人貿易南洋、太平洋者，聞多富商巨賈，亦有奇

〔註9〕中國科協發展研究中心課題組編：《近代中國科技社團》，北京：中國科學技術出版社，2014年，第76頁。

〔註10〕（清）孫詒讓：《興儒會略例》，湯志鈞等編《中國近代教育史彙編：戊戌時期教育》，上海：上海教育出版社，2007年，第199～200頁。

偉之士、志尊祖國者，應由總會派友到彼，招其入會，囑其自就適中地方，設一興儒海外分會；蒙藏回疆以及黔廣土司，轄境僻遠，應就沿海各省分董中，擇人親往諮訪，有無人才可以造就」〔註11〕。其雄心壯志，可見一斑。比起孫衣言兄弟立足鄉里，把家族作為實現社會理想的根基，孫詒讓更多是把「家承詩禮，忝列士林」作為謀求官紳廣泛認可的依據。孫衣言兄弟畢生致力營造的文化家族形象給了孫詒讓以文化權威身份倡議學會的底氣。

孫詒讓認為儒學會總會當在北京，其後在各省省會各設分會，並「由總董撰製序啟，並開列條目，刻一小冊，刷印數千萬份，散致國人」。在這個構想出來的所謂學會中，學術內容只佔有微小比例，其主要活動包括與「政府及外省督撫之賢者」聯絡通融、立儲財銀錢局於京師及各省通商大埠、立時務叢報局於京師及各省省城，甚至舉辦衛商團練等等。然而，這一規模宏大、結構複雜的儒學會雖然得到溫處道宗源瀚支持，卻未能如願建成，最終成為幻象。自此以後，孫詒讓的社會活動更多地針對地方，其措施也更依賴於包括家庭資源在內的地方資源，而非僅把家承詩禮作為自己的文化底色。但在戊戌期間，孫詒讓所表現出的對西學、儒學及維新的態度則是終其一生一以貫之的，也是其在孫衣言營造的家庭氛圍中薰習多年形成的。

孫詒讓對經子之學最為專精，但其對西學乃至新學的態度也被一些學者認為是相對開通包容的。在儒學會以及後來積極參與的算學書院、學計館、蠶學會，也都或多或少地受到西學風潮的影響。由此，似乎可看出孫氏父子兩代之間的區別與隔閡。孫衣言視西學如仇讎，數次批評過士人一味追逐正當流行的西學。在其仕途晚年，也因為對待學習洋務、興辦船政與上司沈葆楨產生異見，而激化與對方的矛盾，以致加速了宦途的終結。孫詒讓則毫不諱言對西方政治、經濟的傾慕與揄揚。所以孫衣言試圖以從屬於儒學系統之下的鄉學與時尚之學相抗衡，並借助永嘉之學身上的「事功」來連接學術文化與社會事務之間的關係。孫衣言的家族設施建設也把重點與核心工作放在維繫家族的倫理綱常、彰顯家族的儒家底蘊之上。孫詒讓則在一定程度上借鑒了西學來實現對儒家秩序的修正，也在實現對孫衣言所創造的文化家族形象的修正。

光緒二十七年（1901），戊戌的塵埃已經散盡，朝廷開始重議更制，號召

〔註11〕（清）孫詒讓：《興儒會略例》，湯志鈞等編《中國近代教育史彙編：戊戌時期教育》，第 199～200 頁。

全國各抒己見，以示咸與維新。盛宣懷經翰林院編修費念慈引見，函請孫詒讓代撰條陳，命其「以《周官》為之綱，以歷代政治之因革損益諸大端為之目，包舉西政，尋其源之出於中法，不謬戾於經義，可實見施行者，條舉而件繫之」〔註12〕。孫詒讓立就《變法條議》，內容涉及朝儀、冗官、宮政、閹寺、吏胥、鄉吏、教胄、廣學乃至選舉、博議、通議、觀新、巡察、會計等方面，提出了「廢拜跪、除忌諱、革官監、裁冗官、各吏役、改兵制、伸民權」等明顯受到西方理念影響的敏感話題與新鮮元素〔註13〕。雖然最終由於種種原因，孫詒讓的《變法條議》並未措諸實效，而是歷經輾轉最後以《周禮政要》之名作為孫氏個人的學術著作於光緒二十八年（1902）刊行〔註14〕。除了對西學的態度大相徑庭，對於孫衣言深惡痛絕的西教，孫詒讓也似乎更為溫和。當時，溫州耶穌教會在民間頗有影響，著名教士蘇慧廉及其循道會同伴為了盡快地獲取地方人士的認可，也試圖參與到當時最熱的醫院、學校中來〔註15〕，他們於永嘉朔門外設立藝文中學堂，蘇慧廉任堂長。連續二世以文化學術活動為名的孫氏自然也是蘇慧廉需要籠絡的對象。在藝文學堂的開學典禮上，孫詒讓也發表演講，表彰蘇慧廉「用西洋文明開發我溫州地方的民智」，甚至說「兄弟登堂瞻禮，如同身到西洋看學堂一樣，心中不勝欣喜」〔註16〕。

但在這迥異之中，卻暗藏著孫詒讓對孫衣言的繼承。在他紛繁複雜的改革主張中，對於儒學的絕對遵奉卻是不容變易的。正如費念慈所言，不論是學術之名的儒學會還是直入主題的《變法條議》，孫詒讓施展社會改革理想的出發點都是「以古學挽狂瀾」〔註17〕。雖然對新的學術與思想傾向似乎懷有傾慕，但孫詒讓的革新理想來源卻並非來自變革，而是出自復古，究其理路與孫衣言實出一轍。在孫詒讓呈遞宗源瀚的函札中，他也強調了自己的革新思想在家學脈絡上對孫衣言的繼承。

〔註12〕 （清）費念慈《致胡蓉村書》，原件，藏於溫州市博物館。

〔註13〕 參見（清）孫詒讓《周禮政要》（清光緒二十八年（1902）瑞安普通學堂刻本）。

〔註14〕 孫詒讓撰寫及刊布《周禮政要》的始末，參見胡珠生《〈周禮政要〉探略》，《胡珠生集》，合肥：黃山書社，2008 年，第 670～680 頁。

〔註15〕 參見李新德《西方傳教士與地方近代化──以循道會傳教士蘇慧廉在溫州的活動為研究中心》（許志偉主編《基督教思想評論 13》，上海：上海人民出版社，2011 年，第 253～267 頁）。

〔註16〕 （清）孫詒讓：《在藝文學校開學典禮上的演說辭》，孫延釗輯、張憲文整理：《孫詒讓詩文遺稿補輯（上）》，《文獻》，1984 年第 1 期，第 179～199 頁。

〔註17〕 （清）費念慈：《致胡蓉村書》，原件，藏於溫州市博物館。

　　先嚴前在江鄂，有《永嘉叢書》之刻，又嘗搜梨洲、謝山之遺，為《永嘉諸儒學案》，家叔亦嘗以水心《習學記言》校刊於珂里，皆欲播先哲之傳書，導後進以循軌。而僻處海濱，久沿俗學，雖徑途之略闢，終津逮之無方，良足慨也。伏惟明公學為士表，才應時需，必能惠此海邦，示之郵綴，翹瞻光霽，曷任欽遲。至近日算學書院之創，則以敝鄉蕪區，時事艱難，冀推強學之規，略究幾何之術。重差夕桀，雖小學之緒餘；八線借根，實西藝之原本。故別開精廬，群為講肄，祛其蒙固，道之康莊。茲謹擬條章，略籌經費。辱承臺諭，許以不謬，倘荷惠頒廉泉，成斯創舉，亦大賢嘉惠多士之盛心也。承詢某某所擬興儒之議，則以銜恤餘生，扼腕時局，竊謂景教流行，燎原莫遏，以耶穌基督之誣誕，《新約》《舊約》之鄙淺，而鄉曲儇子，崇信譁然，非有悅服之誠，實藉富強之助。〔註18〕

　　對於孫詒讓來說，基督教也好，西學也罷，都無法與儒家文化與學術相提並論。西學正因為與傳統文化體系之內的「小學之緒餘」差相契合，才具備了一定程度的優越性。正如有學者指出，孫詒讓的致用之學，無非「稽古論治」，是「藉古老之儒術，化西方之洋教，非維新也」〔註19〕。孫氏本人對鄉里競相追捧西教、西學的行為，也頗感不滿，只是囿於實際環境，不得不虛與委蛇，徐圖改變風氣。在孫詒讓的改造之下，孫衣言兄弟的家族文化建設，被賦予了更多的移風易俗的意義。而自己創辦包括興儒會、算學書院之類的設施，也是接續父叔篳路藍縷的草創之功，是針對「敝鄉蕪區，時事艱難」所作的舉措。由是，與孫衣言一樣，孫詒讓的目標是統一血緣、地緣與學緣，完善其父精心創制的文化家族的同時，盡可能地把以非官方身份切入地方話語核心的行為合法化。

三、從永嘉之學到《周禮》救國

　　在孫衣言的文化家族構建中，鄉學復興是核心符號。然而，孫衣言本人對永嘉之學的發掘是以文獻整理與刊布為基礎，其重心是宣傳推揚而非研究。因此，儘管孫衣言在各種場合一遍又一遍地標榜永嘉之學的學術性與實用性，

〔註18〕（清）孫詒讓《復溫處道宗湘文書》，轉引自孫延釗：《孫衣言孫詒讓父子年譜》，上海：上海社會科學院出版社，2003 年，第 273～274 頁。
〔註19〕湯志鈞：《戊戌時期的孫詒讓》，《湯志鈞史學論文集》，上海：上海社會科學院出版社，2013 年，第 114 頁。

但他所建構的永嘉之學卻是模糊的，並且在很大程度上因襲前人。可能有鑑於此，孫詒讓對永嘉之學雖也有所涉及，卻不把它作為聯繫學術與時政的有力武器，最為其所看重與開發的則是《周禮》。

在世人對孫詒讓形象的認識中，學術活動是其主要構成，而在其眾多的學術工作中，《周禮》研究又是其用力最深、成績最大者。故而學者對其《周禮正義》等著作給予了相對更多的關注：孫詒讓「以為典莫備於六官，故疏《周禮》……而《周禮正義》八十六卷，尤為三十年精力所瘁。一生從事考證名物、訓釋故書之所得，盡薈萃於茲編。」〔註 20〕孫詒讓的禮學研究素為學界所重，他對該經的鑽研除了作為學者的偏好，也有為其社會活動謀求依據的實際要求。

孫詒讓對《周禮》的重視尤在於它超越時空的實用性。他認為這部古代經典，不僅有至今不變的至理，還有放諸四海而皆準的時效性和通用性：

> 今泰西之強國，其為治，非嘗稽核於周公、成王之典法也，而其所為政教者，務博議而廣學、以泉通道路，嚴追胥，化土物卅之屬，咸與此經冥符而遙契。蓋政教修明，則以致富強，若操左契，固寰宇之通理，放之四海而皆準者，此又古政教必可行於今者之明效大驗也。〔註21〕

當孫詒讓歸鄉之年，維新與守舊是時代主題。作為專精儒術的學者，孫詒讓對於康有為之學頗為不屑，至有「安用辯難」〔註22〕之評。但在康氏聲勢爭勝之時，孫氏卻又對變法維新表態迎合，對梁啟超聲稱「倘能慨然首倡，以賡續南海先生之盛舉，斯尤普天同志之士所渴望者也」，甚至表示「願附驥」〔註23〕。可見孫詒讓並非全然固守己見的學者，其思想相當靈活變通。學術意見上的小異，在雲譎波詭的現實情境之下對於孫詒讓並非不可調和的分歧。同理，孫詒讓如何解釋其《周禮》研究也服從於其形式多樣、內容豐富的社會活動。他曾在《〈周禮政要〉序》曾圖窮匕見地剖白：「《周禮》一

〔註20〕張舜徽：《清人文集別錄》，武漢：華中師範大學出版社，2004 年，第 547 頁。

〔註21〕（清）孫詒讓撰，王文錦、陳玉霞點校：《周禮正義》，北京：中華書局，1987 年，第 4 頁。

〔註22〕章炳麟：《瑞安孫先生傷辭》，上海人民出版社編《太炎文錄初編》，上海：上海人民出版社，2014 年，第 230 頁。

〔註23〕（清）孫詒讓：《致汪康年書（二）》，上海圖書館編《汪康年師友書札》，上海：上海古籍出版社，1986 年，第 1473 頁。

經政法之精詳，與今泰東西諸國所以富強者，若合符契。然則，華盛頓、拿破崙、盧梭、斯密亞丹之倫所經營而講貫，今人所指為西政之最新者，吾二千年之舊政已發其端」〔註24〕。所謂《周禮政要》，即孫詒讓寄予厚望之《變法條議》，它被學者認為是孫詒讓「從考禮向議禮、用禮，從治經向經世的重大轉變」〔註25〕。在這部帶有強烈迎合時學色彩的著作中，孫詒讓為其所理解的歐美各國政治、經濟、文化特徵一一對應地找到了中國遠親。孫詒讓對西學的態度，與其父對永嘉之學的態度相類似，不過是作為牽強附會、借題發揮的媒介，其宗旨依然是對儒學的絕對崇奉。而之所以有此著作，也是受到戊戌時期甚囂塵上的「西學中源說」之影響而採取的主動迎合之法。他《周禮》救國的基本預設在本質上與同時期譚嗣同、唐才常等人以西學印合諸子之學的論調並無二致〔註26〕，都是默認維持儒學主導的文化體系的正當性與合理性。

　　孫詒讓不同於固守樸學的清儒，而是具備隨機應變的眼力，這點已為一些時人窺破。光緒二十八年（1902），張之洞保薦孫詒讓為經濟人才時即指出其「群經諸子靡不研精，厭雅閎深，著述甚富，久負士林宿望，近年講求時務，實能會通中西古今學術治術〔註27〕」。不泥於古，在當時不但不是狡獪投機的證據，反而是與時俱進的表現。正如孫詒讓面對友人時大膽剖白的，為自己的理念與行動在《周禮》中找到線索，不過是「陳古剴今，聊以塞守舊者之口，於詁經無事也」〔註28〕。基於此出發點，儘管每每為其裏與學計館、務農會之舉找到經典支持，其意圖主要還是表示對儒家的擁護，減少行動中的阻力。同時，也是維護和突出孫衣言所塑造兩世詩書的文化家族形象，用心可謂良苦。

〔註24〕（清）孫詒讓：《〈周禮政要〉序》，《周禮政要》，清光緒二十八年（1902）瑞安普通學堂刻本。

〔註25〕陳安金、孫邦金：《論孫詒讓的禮學研究與中西政治文化觀》，《哲學研究》，2012 年第 9 期，第 53～58 頁。

〔註26〕參見馬克鋒《中國近代文化思與辨》第二章第二節《「西學中源」與近代文化》，北京：人民日報出版社，2014 年，第 61～65 頁。

〔註27〕（清）張之洞：《保薦經濟特科人才折（並清單）》，苑書義，孫華峰，李秉新主編《張之洞全集》，石家莊：河北人民出版社，1998 年，第 1520 頁。

〔註28〕（清）孫詒讓：《自題〈周禮政要〉八絕句》，轉引自王季思《孫仲容先生〈自題周禮政要八絕句手寫稿淺釋〉》，《王季思全集第 5 卷：雜文集》，石家莊：河北教育出版社，2005 年，第 336 頁。

　　孫詒讓對《周禮》的推崇與研究不但不與其父倡議鄉學相衝突，還是一以貫之的。他把自己對《周禮》的興趣追溯到少年時「先太僕君即授以此經」〔註29〕，故而此後終身性的鑽研與拓展也是對家教家學的尊重與遵從。而孫衣言本人出於闡揚鄉學的目的也曾肯定過《周禮》的現實意義：「但愁致主仍無術，鄉喆《周官》有舊編。」，並自注「吾鄉乾淳諸老多為《周禮》之學」。〔註30〕儘管孫氏父子二人的目的不同，但他們的表述卻都在解釋孫詒讓致力《周禮》的合理性，把血緣、地緣、學緣扭結在了一起。

　　出於把家族形象嵌入個人入世舉動的目的，孫詒讓不僅把孫詒澤等兄弟、孫延綏等晚輩甚至叔母林氏夫人拉入地方文教活動，並把族產作為活動的場所與物質基礎〔註31〕，更利用與孫氏族眾的親緣關係使其社會活動的範圍跳出文化、教育領域的局囿。其顯例便是孫衣言在孫坑所積極推動的開鉛礦活動。

　　在孫詒讓充分籌劃其治世革新藍圖的《興儒會略例》中，孫衣言對開礦已經投入超乎一般的注意力。他闢有專條：「各省府廳州縣，如有五金煤礦可以開採，及絲茶鹽諸商務或尚未振興，或已興而宜再圖發展者，由分董函知總會立冊記載，以俟他日籌劃施行。」〔註32〕他也按慣例給開礦之舉找到了《周禮》依據，認為「礦人專掌治礦，此古今礦政之權輿」〔註33〕。溫州的地形礦藏也給孫詒讓實踐的舞臺，當地有產鐵與產鉛的名聲，產鐵之處為大雙礦金氏族產，而產鉛之處正是孫坑的孫氏族產。家族資源成了孫詒讓開礦的捷徑，也讓孫氏家族的輻射力從文化、教育向經濟延伸。當時的環境也給了孫詒讓以鄉紳身份開礦創造了良好時機〔註34〕。

　　自孫衣言於瑞安城內築新居、建祠塾、立玉海樓以後，孫衣言兄弟三房

〔註29〕（清）孫詒讓：《周禮正義》，北京：中華書局，1987年，第4頁。

〔註30〕（清）孫衣言：《己卯七月蒙恩以太僕卿召還朝述懷感事》，《遜學齋詩續鈔》卷四，清光緒間刻本。

〔註31〕參見本書第四章第二、三節。

〔註32〕（清）孫詒讓：《興儒會略例》，湯志鈞等編：《中國近代教育史彙編：戊戌時期教育》，上海：上海教育出版社，2007年，第202～203頁。

〔註33〕孫延釗：《孫衣言孫詒讓父子年譜》，上海：上海社會科學院出版社，2003年，第318頁。

〔註34〕孫氏開礦的時代環境和有利條件，參見周田田《探析永嘉學派經世致用傳統對孫詒讓實業救國思想及實踐的影響：以孫坑開礦為例》（孫競昊、鮑永軍主編《傳承與創新——浙江地方歷史與文化學術研討會論文集》，杭州：浙江大學出版社，2014年，第142～154頁）。

與孫坑的其他族眾相對疏離，自成一脈。但孫衣言修族譜、興辦家族設施等措施也緩和了因金錢會而趨於惡劣的家族關係，保障了孫詒讓在此基礎上發揮家族資源的可能性，親緣的天然性、曾經避難於此的患難之情和孫衣言的一系列舉措讓孫詒讓把孫坑當作首要試點。光緒三十年三月，孫詒讓參與組織富強礦務公司，與孫氏族眾協商開礦事宜。其說服孫氏族眾的論點略謂：「山中有礦，自行開掘，則權猶在我。……否則外人必來開採，一切任其所為，蠻力萬無可拒，地方種族必受害無窮」〔註35〕。可以推測，孫詒讓充分發掘家族資源，為開礦事業開拓道路。據孫延釗所言，孫詒讓與孫氏族人及大雙坑金氏族人簽訂了合同，成立公司。

> 永嘉孫坑，有孫氏眾山產鉛；大雙坑，有金氏眾山產鐵。孫、金兩族人簽議，請瑞安孫詒讓為謀開採，於是孫世彪、金顯巽等各十四人出名與孫詒讓訂立合同，由孫詒讓報官立案，集股建設富強礦務公司，經理一切。自光緒三十年甲辰起，三十年內，金山地畝暫歸公司管業完糧，所產礦務悉聽公司開挖，三十年限期屆滿後，倘彼此仍願續辦，再辦合同，或議重新組織，則從兩家族眾意，但永遠不許加入外國人股份。

> 孫坑山坐落安溪二十七都三圖，土名珠璣坳底四里十一號山，計官數一畝零。……

> 孫坑山地歸公司後，孫氏族眾，不取租錢，不得價賣，惟以山業抵作公司股本十分之一。公司第一次集股本萬元，孫氏族眾應享有乾股千元，以後隨公司股本增加，以五千元為止。乾股只許提息，不得取本，亦不得已乾股權讓與他人，乾股之外，族眾願投實股者聽，每屆添招時，預留十分之二盡其投入，以示優待。

> 大雙坑山地自開發之日起，每年由公司給租二十四元，永不增加，亦不得另租或賣與他人。〔註36〕

孫坑孫氏與大雙坑金氏在地域面積上相近，但兩者之間在權責上卻有明顯差異。金氏以二十四元的永久性價格租出，並申明無權另租另賣。孫氏族

〔註35〕（清）孫詒讓：《復劉祝群書二通》，轉載自孫延釗、張憲文《孫詒讓詩文遺稿補輯（上）》，《文獻》，1984 年第 2 期，第 193 頁。

〔註36〕孫延釗：《孫衣言孫詒讓父子年譜》，上海：上海社會科學院出版社，2003 年，第 319 頁。

眾「不取租錢，不得價賣」，而是以所擁有的山業入股參與公司。孫氏佔有股本的比例為十分之一，並可隨公司股本遞增，但必須以五千元為上限。同時約定，乾股只得提取利息，不可取本。這些措施，既是最大限度地提升礦務對孫氏族眾的吸引力，鼓勵他們投入，也是在一定程度限制他們的權力，保證對此事及公司的掌控。孫詒讓不僅把礦務公司作為參與鄉邦實業的渠道，也是為其五花八門的文教活動開經費之源。辦學校、學館需要大量財政支持，僅靠向地方官求援和向地方士紳發起募捐號召，依然難以為繼，於是孫詒讓對開礦求利抱有很大期待：「倘能開辦，全郡學務均有款。」〔註37〕由是可見，家族關係對於孫詒讓更多是實現個人社會抱負可以利用的資源，這與孫衣言由族及鄉的規劃大相徑庭。

雖然孫坑、大雙坑開礦之事最終未獲通過，胎死腹中，但是孫詒讓對於孫氏家族資源的開拓性使用卻在身後猶有延續。民國三年（1914），孫延釗仍有企劃改組礦務公司，因故未成〔註38〕。同年，與孫氏關係親密的廖廷愷，時亦熱心實業，設立甌海礦業公司，並以代表身份與孫氏族人協議繼續開發〔註39〕。但當此新舊更替之際，孫氏家族的文化權威與文化形象卻在各方士紳的博弈中逐漸發生偏移與變化。

第二節　地方文化格局的重構

一、後孫衣言時代的溫州地方文化格局

在孫詒讓活躍於地方歷史舞臺的同時，溫州地方文化格局也在悄然發生變化。士紳團體的疏散與重組，其關鍵因素並不僅僅是世態炎涼，還有地方士紳權力網絡中心的轉移。

儘管晚清的瑞安士紳間流傳著孫、黃、項、洪四大家族之謂，但這些士紳大族的成型、成名並非同步，家族策略也都各有側重。孫氏起於道光年間孫衣言兄弟的科舉得第。黃氏同樣仰賴科舉考試與仕宦生涯，黃體立、黃體

〔註37〕（清）孫詒讓：《與劉紹寬論辦學手札》，張憲文輯《溫州文史資料（第5輯）：孫詒讓遺文輯存》，杭州：浙江人民出版社，1989年，第196頁。

〔註38〕浙江省通志館編，浙江省地方志編纂委員會整理：《重修浙江通志稿第100冊：實業》，北京：方志出版社，2010年，第8241頁。

〔註39〕吳承洛：《今世中國實業通志》，上海：商務印書館，1929年，第176頁。

芳、黃紹箕、黃紹第均曾考中進士並名列翰林〔註40〕。黃體芳兄弟與孫氏兄
弟相識已久，素來友善，前已有所述及。黃體芳、黃紹箕父子在諸黃中名聲
最大，他們一生大多遊宦在外並曾任京官。如孫衣言一樣，他們在京的社交
幫助他們融入了在京士人的交往圈，同時也讓他們的文化權威得到了以學術
為主要話語的專業人士們一致認可。歸鄉以後，黃體芳同樣把重心放在搜羅
古籍上，他也選擇了以私人身份購置建築設施來參與乃至構建地方的士紳公
共空間。黃氏同王岳崧、胡調元等離職官員所建的話桑樓（後更名為飛雲閣）
成為瑞安士紳認證並實現自己身份認同的公共場所。

　　同樣在地方士紳中享有聲望，孫衣言兄弟與黃體芳兄弟交往頗為緊密，
為己辯誣的《會匪紀略》也是基於黃體芳《錢虜爰書》所作。孫氏兄弟身後，
這一友好關係在後輩中也得到了延續。不僅孫詒讓獲知京城的各項信息很
多來自於黃氏兄弟，甚至黃氏家族的年譜與藝文集成也是孫詒讓之子孫延
釗所作。孫黃兩家長期綿延的關係也從個人的友好交往昇華為兩個家族之
間在地方事務上的頻密合作，由是也沉澱為雙方有效的社會資本，下文亦
將說明。

　　由於黃氏家族的中心人物們不常留居鄉里，孫詒讓同時期地方文化最
為熱心的領導者即項氏。如第一章提及，項氏在瑞安素稱名族，其淵源根基
更甚於孫氏。他們與孫氏有姻親關係，被孫衣言一再推揚的「項氏二舅」即
出此族，他們也是家族根底薄弱的孫衣言兄弟在早期為數不多可以依靠的
親緣資本。項氏枝繁葉茂，項傅霖之孫項崧與黃紹第、胡調元、林慶衍均曾
受教詒善祠塾，與孫詒澤、洪炳文均有姻親。由於項崧光緒二十年（1894）
中進士後未長期出仕他處，而是勤於邑事，自謂「吾雖厄於遇，而於邑中善
事，未嘗不措意」〔註41〕，於是成為地方士紳中最為活躍者之一。項崧與

<hr>

〔註40〕在五黃之前的黃氏家族，同樣沒有顯赫的身份背景。有學者認為，清中後期
　　　　的黃氏家族屬於「下層士紳家庭」（尤育號《同光年間溫州士人的政治和文化
　　　　取向——以黃體芳為考察對象》，鄭春生、尤育號主編《溫州史學論叢（第3
　　　　輯）》，武漢：武漢大學出版社，2013年，第5頁）。與孫希曾相似，黃體芳
　　　　兄弟之父黃吉人在功名上一樣無所建樹，道光二十年才得選歲貢，也與孫希
　　　　曾課子甚嚴，對子輩取得科舉成功懷有狂熱的期待（參見孫延釗《瑞安五黃
　　　　先生繫年合譜》，《孫延釗集》，上海：上海社會科學院出版社，2006年，第
　　　　224頁）。
〔註41〕項崧：《洪棟園先生五十壽序》，洪炳文撰，沈不沉編《洪炳文集》，上海：上
　　　　海社會科學院出版社，2004年，第636頁。

其兄項湘藻、堂弟項蔭軒等族人不僅與孫詒讓合作介入地方教育，甚至與孫氏異曲同工地把家族設施如項氏宗祠等作為瑞安方言館等之用。除了文教的傳統路徑，項氏更熱衷於實業，其涉入之深，更甚於淺嘗礦業的孫詒讓。

　　同是從學術文化步入地方文化的權力角力，孫詒讓逝世後的項氏家族勢力在包括孫氏、黃氏在內的各士紳家族處於領先。與項氏矛盾尖銳的陳黻宸更是直斥項氏在瑞安「學務獨霸」，陳氏固為項氏之敵，但其對項氏的論斷卻得到許多鄉邦士紳的支持。像張棡這樣從父輩即經營鄉族，又與孫、黃大族過從密切，「而立之後擔任諸多公共事務」的瑞安河鄉「南鄉地紳領袖」，也對陳黻宸「將項申甫、調甫昆仲霸持瑞安中學，及平日仗勢欺人惡狀和盤托出」，表示擊節歡賞〔註 42〕。所謂「四大家族」，雖然存在著盤根錯節的姻親和師承關係，但其發展卻不甚均衡，內部更是有所分歧，互相懷有異見。與此同時，號稱「東甌三傑」的陳虬、陳黻宸、宋恕等出身相對普通甚至貧寒的士紳應時而起，以布衣士紳的身份符號，與士紳家族面貌示人的孫、黃、項等形成了鮮明的對比感。

　　新進的士紳集團同樣沿著從學術介入政治的道路，成為角逐地方事務參與權乃至決定權的新選手。早在同治十一年（1872），許啟疇、陳虬、陳黻宸等即在瑞安城內建立了心蘭書社，其時間尚在玉海樓之前〔註 43〕。心蘭書社創建動機是感於「邑既鮮藏書家，非雅有故者，又不易借，一瓻之艱，與荊州等」〔註 44〕，打破士紳大族知識特權壟斷的意圖顯而易見。隨後成立的求志社更是假學社之名，行社會改革試驗之實。他們「以集體生產、集體消費、集體生活為原則」〔註 45〕，他們的「布衣」身份不僅在士紳主導的溫州民間社會中具有很高識別度，在民眾間也形成了勝於所謂「四大家族」的親近感。與傳統士紳相同，科舉考試的成功也是後起士紳們吸引和號召地方紳民的重

〔註 42〕張棡撰，俞雄選編：《張棡日記》，上海：上海社會科學院出版社，2003 年，第 143 頁。

〔註 43〕甚至有學者認為心蘭書社是「中國第一所具有近代圖書館因素的圖書館」（潘猛補：《心蘭書社及其創始者》，《圖書館雜誌》，1989 年第 6 期，第 47～48 頁），但這種說法在證據上比較單薄，有待進一步考察。

〔註 44〕陳虬：《擬心蘭書社藏書引》，胡珠生輯《陳虬集》，北京：中華書局，2015 年，第 210 頁。

〔註 45〕陳謐口述，宋炎記錄：《先叔祖陳黻宸二三事》，溫州市政協文史資料委員會編：《溫州文史資料（第 9 輯）》，1994 年，杭州：浙江人民出版社，第 29 頁。

要工具。社員五科連中〔註46〕的成績被陳虯等作為心蘭書社的成果展示，至少此時他們的社會實踐並不是完全否定科舉等傳統文化符號的，更不是脫離現實的「自由、平等、友愛、互助、舒適、古樸的美好樂園」〔註47〕。他們是利用結社共生的方式形成新的士紳集團，爭取後起士紳和當地民眾的支持。這也注定他們要與掌握話語權的士紳大族產生對抗，即所謂的「向大紳發起挑戰」，也屬必然要求。〔註48〕

如陳虯所述，「布衣之名」原非令名，「都下亦知有東甌布衣」〔註49〕也非美事。但時當變革之際，「布衣」對於新興文化的領導者反倒頗具吸引力，貶義逐漸淡化乃至消失，所謂「東甌布衣識絕倫」〔註50〕，意味著這一身份被普遍接受，也意味著他們的文化身份給了他們獲取文化權威的資格。

有學者指出，新興士紳崛起不僅是傳統社會中士紳內部的後浪推前浪，而是在溫州當時特定的文化生態催生出的文化現象〔註51〕。這一新現象的出現，對舊有文化秩序的衝擊是理所當然的。正如有學者在研究同時期河南北部士紳時所言，「由地方精英領導的各種權力集團興盛衰落，更替頻仍，由於諸種原因，任何一個集團均難以長久而穩定地維繫其權勢……在他們掌握權勢的十年之內，或是失去對普通民眾的吸引力，或是其他社會力量的興起而失勢」〔註52〕。這種過程自然不是順暢的新舊交替，兩者的碰撞與較量往往是掩藏在平和共存表象下的暗流激蕩。在溫州的情況也頗為相似，以宋恕、陳虯、陳黻宸為中心的後起士紳集團對孫、黃、項等大族壟斷的地方話語權

〔註46〕 分別為胡福臣（光緒十一年）、周拱藻（光緒十四年）、郭慶章、胡調元（光緒廿一年）、陳黻宸、蔣作藩（光緒十九年）。

〔註47〕 吳雁南等主編：《中國近代社會思潮（1840～1949）第1卷》，長沙：湖南教育出版社，1998年，第344頁。

〔註48〕 參見李世眾《晚清士紳與地方政治——以溫州為中心的考察》（上海：上海人民出版社，2006年，第334～344頁）。

〔註49〕 陳虯：《求志社記》，胡珠生編輯《陳虯集》，北京：中華書局，2015年，第204頁。

〔註50〕 梁啟超：《廣詩中八賢歌》，《新民叢報》清光緒二十八年（1902年）第3號《文苑》第1頁。

〔註51〕 李世眾認為：「至19世紀七八十年代，溫州已經遭逢了金錢會之亂和教會勢力的楔入。地方社會正處於急劇的轉型過程中，舊的社會結構在分化解體而新的結構要素正在發育。」《晚清士紳與地方政治——以溫州為中心的考察》，（上海：上海人民出版社，2006年，第307頁）。

〔註52〕 （美）張信著，岳謙厚、張瑋譯：《二十世紀初期中國社會之演變——國家與河南地方精英（1900～1937）》，北京：中華書局，2004年，第43頁。

構成了威脅。

雙方的衝突漸趨激化，主要體現在二陳（陳黻宸、陳虬）與項、黃兩大家族之間。其爆發主要表現為十九世紀末的科場案與二十世紀初的「瑞安中學存廢案」〔註53〕，在這兩次事件中，兩個士紳集團劍拔弩張，你來我往。而貫穿始終的是被公認為大族的孫氏家族曖昧的態度和模糊的定位，他們既不能逃離戰場之外，又不處於漩渦中心，從中可以透視出孫氏家族如何從深度影響地方事務的煊赫的文化家族淪為地方文化格局裏的配角，甚至蛻變成後來者聚合同志的旗幟，成為了「活著的紀念碑」。

二、孫氏家族地方地位的變化

一般認為，孫衣言、孫鏘鳴兄弟的辛勤構建的孫氏家族，經由以孫詒讓為中心的子輩們努力經營，在地方上形成了強大的政治、經濟、文化權威，對其他士紳形成了強大的輻射力乃至壓制力。當孫衣言逐漸老去，孫詒讓等對孫衣言家族策略的調整保證了他們能夠適應時代的各種新趨勢、新方向，例如以《周禮》附會西學、以礦業嘗試實業等，這讓孫氏家族依然可以介入甚至領導地方事務。在孫詒讓逝世前後，更為年輕的孫詒棫更是主動地投入到當時風行的天足運動，之後自費親赴日本遊學，思想激進。這似乎保證了孫氏家族在新環境、新時代下依然不會落伍，但也暗示了他們作為兩世經營的士紳家族在損失了核心人物之後，陷入了核心理念動搖的迷茫和陣痛之中。

如前所述，孫衣言在世時，他一手打造的新興的文化家族形象，就已經在學界與鄉邦這一虛一實兩個範疇內被接受。學界的承認保證了享有知識特權的士紳需要通過承認文化意義上的孫氏家族來凸顯作為「專家」的身份認同；鄉邦的認可則默許了孫氏後人可以在某種程度承襲孫氏兄弟的權威。孫詒讓、孫詒澤等的個人能力也讓孫氏家族不至於迅速地失落多年辛苦才始獲得的話語權，但是孫氏家族畢竟是靠科舉驟起於鄉邦，根基不夠深入堅實。尤其是孫氏移居城中之後，孫衣言、孫鏘鳴、孫嘉言兄弟及其子孫自成一脈，與其他族人的關係更趨淡漠。孫衣言三兄弟的子輩中，孫詒讓固然是同時期溫州士紳們不可忽視的人物，但其他孫氏成員則是在其引導下介入地方。孫

〔註53〕李世眾《晚清士紳與地方政治──以溫州為中心的考察》第五章《「布衣士紳」的崛起》以「科場案」與「瑞安中學存廢案」為中心考察了瑞安及溫州其他各縣內「布衣士紳」與「大紳」兩個利益集團間的博弈（上海：上海人民出版社，2006年8月，301～375頁）。

詒燕本是最有可能和孫詒讓呼應、形成合力者，卻「年未三十而逝，仕宦既未成，著述亦多未就，至今學界後生幾無人聞其名」〔註54〕。其餘諸人，孫鏘鳴子孫詒績卒於光緒十四年（1888），孫詒均卒於光緒十七年（1891），孫詒撲卒於光緒二十八年（1902），都無法承擔家族的重任。孫詒澤、孫詒棫、孫詒譔、孫延曙、孫延第等在孫詒讓在世期間也曾協同其主持以公共教育為中心的各項地方事務，例如孫詒棫、孫延曙曾參與創辦瑞安演講會，孫詒澤、孫詒譔、孫詒撲參與瑞安務農支會，孫詒澤曾襄與孫詒讓辦學事等等。而此數人中又以孫詒澤與孫詒讓為核心，類似聘請詒善祠塾塾師之類家族事務均由二人一同出面作為代表〔註55〕。這些孫氏後人承載了孫衣言兄弟「努力為我昌門楣」〔註56〕的殷切期望。

孫詒讓的卓越成就以及其他孫氏族人的各擅所長，並不能掩蓋孫氏勢力的逐漸下滑，他們儘管不失大族士紳的顯貴，卻在逐漸離開地方士紳網絡的中心地位。孫詒棫曾如是哀歎：

> 世態炎涼可畏！計先君之門弟子，吾邑殆數百千人也，然及其老病，則每歲之春躬來賀者不過數人；及其既逝，則每歲生日躬來奠者棟園先生一人而已。〔註57〕

在這位孫鏘鳴家九少爺眼中，孫鏘鳴雖曾任教鄉邦各個書院多年，所織就的學緣網絡卻不足以保證這些「學子」在成長為新的地方精英後還能與孫氏站在同一立場。

孫氏在鄉邦的地位處在滑落之中，除了新時期的環境下士紳網絡的迅速重構的原因，也與身為科舉家族之後的孫氏後人在科考道路上大多不甚順意有關。如有學者所說：「文人精英內心深處的致命恐懼：地方鄉紳家庭因為在科舉考試上失去了優勢，幾代之間便可以淪為平民」〔註58〕。這種恐懼某種

〔註54〕孫延第：《孫詒燕行述》，宋恕著，邱濤編《中國近代思想家文庫：宋恕卷》，北京：中國人民大學出版社，2014年，第342頁。

〔註55〕張棡撰，俞雄選編：《張棡日記》，上海：上海社會科學院出版社，2003年第15頁。

〔註56〕（清）孫鏘鳴：《示長孫延曙》，胡珠生編注《孫鏘鳴集》，上海：上海社會科學院出版社，2003年，第201頁。

〔註57〕宋恕：《洪棟園壽詩序》，宋恕著，邱濤編《中國近代思想家文庫：宋恕卷》，北京：中國人民大學出版社，2014年，第327頁。

〔註58〕商偉著，嚴蓓雯譯：《禮與十八世紀的文化轉折——儒林外史研究》，北京：生活·讀書·新知三聯書店，2012年，第377頁。

程度上導致了他們向其他士紳勢力靠攏。

後起鄉紳不足倚恃，即使同為士紳大族，黃氏、項氏等在地方上的勢力也對孫氏形成了一定的壓制，孫氏後人甚至對其他士紳形成一定程度上的依附。其中又以項氏為最。對於孫詒讓以外的孫氏族人，作為孫鏘鳴女婿的宋恕有如下評價：

> 至關於應付上頭一節，籀公諸子皆幼，外界事全有仲愷大令作主。大令於吾郡士大夫心目中只有項申甫會長一人，一切奉命，不敢稍拂。衡往年見其題學士木主云「字蕖田，號止菴」，曾力與爭云：「蕖田是號非字，明明字韶甫，奈何削不著？而以號為字，使後人加逝者以不辨字號之誚乎！」大令堅執不從，後遂不敢稍參末議，誠以拙文拙見萬不足當堂堂進士兼會長之繩墨，不如藏拙為愈。大令之公權尤重視科第仕宦，勢利之態溢於眉宇，甚至昌言「郭小梅一貢生決不能論進士短長」。噫！三先生流風掃地殆盡矣。
>
> 至季芃秀才雖因被欺於會長公太過，激而入公議，然亦非衡所敢引為同志者矣。……學士派下子輩現只有三人，以德行比較，忱叔庫使確居第一。蓋論德行則須調查其實際，不能專看表面。忱叔表面好博，而公然吸煙，似乎人格在愷、芃之下，豈知實際乃相反。〔註59〕

正如宋恕所見，此時孫氏老成凋零，在孫詒讓死後執掌孫氏主要決策權的孫詒澤（即「仲愷大令」）在很大程度上需要從屬於項崧（一名芳蘭，即「項申甫會長」）。連孫鏘鳴木主字號有誤這樣明顯的問題，在宋恕指出之後，孫詒澤都一任其舊。如前所云。孫詒澤本人並不是紈絝子弟，少年時即能執教於詒善祠塾，在成年後又曾以其父的關係出入於李鴻章府幕，並候選知縣〔註60〕，「素性頗好西學洋務」〔註61〕，亦懷有所致用的資本與志向。他對於項崧「一切奉命」是因為項氏在項崧、項湘藻的經營下積累了一定的文化資本和社會資本，在地方上擁有了相當的話語權。項崧於光緒二十四年

〔註59〕宋恕：《又致次饒書》，邱濤編：《中國近代思想家文庫：宋恕卷》，北京：中國人民大學出版社，2014 年，第 457～458 頁。

〔註60〕明）王朝佐、（明）鄭思恭、（清）童煜撰，周幹校注：《東嘉先哲錄（外兩種）》，上海：上海社會科學院出版社，2005 年，第 333 頁。

〔註61〕宋恕：《代孫鏘鳴致余晉珊》，胡珠生編：《宋恕集》，北京：中華書局，1993 年，第 600 頁。

（1898）七月十三日大會出任浙江教育總會會長〔註62〕，此雖非實權機構〔註63〕，但其聲威之盛可見一斑。在孫詒讓死後，項氏對地方事務的把控也得以進一步擴展。在隨後沸沸揚揚的瑞安縣中學堂存續案中，孫詒澤雖最終繼陳愷後被主存派推為監督，但項崧實為背後推動力量〔註64〕。在這種背景下，被李鴻章評價為「太老實」〔註65〕的孫家老三更趨向於依賴項崧也就不難理解了。但孫詒澤對項氏的態度並未得到其兄弟的首肯，如宋恕之言，九少爺孫詒棫即其反例。孫詒棫性格叛逆，觀點激進，對項氏素懷非議，對乃兄也不能認同。在思想上，因為有過留學日本的經驗，孫詒棫對學習西學的渴望更強於孫詒讓、孫詒澤等人，對於時局的見解也更激烈，在章太炎入獄時曾有詩「炎武一生無寸土，《黃書》終古有餘悲」〔註66〕，借用顧炎武的形象符號，政治立場已端倪畢露。不獨被視作大族的各家族間並非鐵板一塊，孫家後人內部的思想、政治傾向上也出現了某種程度上的分裂。孫詒棫身為同輩中的老么，比起「幾位阿哥，管家的管家，辦學堂的辦學堂」〔註67〕，孫詒棫更熱衷勸諭婦女解放纏足、創辦《東甌日報》等移風易俗的活動。在後來的瑞安縣中學堂存續案中，孫詒棫公開和三哥唱了反調，主張廢棄。儘管私德為宋恕所不屑，孫詒棫還是以亦師亦親的宋恕為媒介，與陳黻宸、陳懷、林損等後起士紳取得聯絡並引為同道。

　　上引片段中。對孫鏘鳴在世三子的評價，非但是宋恕對他們人格品行的批評，也暗示了對他們能否維繫孫衣言等營造的孫氏家族形象持有懷疑態度。這並不是宋恕的一己之見。儘管各有作為，但在孫氏後人們展開交往的過程

〔註62〕《浙江教育總會公啟》，《浙江日報》1908 年 9 月 10 日。

〔註63〕據徐佳貴《晚清士紳與清末地方興學中的國家與社會——以浙江瑞安縣公立中學堂存廢之爭為例的考察》，此會更多地是「研究與倡議機構，而非教育行政系統內部的實權機構」（《張仲民、章可編：《近代中國的知識生產與文化政治——以教科書為中心》，上海：復旦大學出版社，2014 年，第 216 頁）。

〔註64〕孫延釗：《孫籀公與清季溫處地方教育》，《孫延釗集》，上海：上海社會科學院出版社，第 377 頁。

〔註65〕胡珠生：《孫鏘鳴年譜》，《孫鏘鳴集》，上海：上海社會科學院出版社，第 758 頁。

〔註66〕孫詒棫：《平子來，聞章太炎入獄，哭而賦此》，陳虯、宋恕、陳黻宸撰，胡珠生編《東甌三先生集補編》，上海：上海社會科學院出版社，2005 年，第 135 頁。

〔註67〕孫詒棫：《遵旨婉切勸諭解放婦女腳纏白話》，邱濤編《中國近代思想家文庫：宋恕卷》，北京：中國人民大學出版社，2014 年，第 263 頁。

中，先人的蔭蔽都是他們不得不賴以開路的武器。他們多以「琴西太僕之侄孫」〔註68〕、「葯田侍郎孫」〔註69〕之類的身份進入前輩士紳的視野。雖然進入民國以後，如孫詒澤因曾與黎元洪有師生之分，得以入職總統府顧問、國史館纂修，一度在政壇有所發展。但在雲譎波詭的政治漩渦中，書法名家與瑞安孫氏後人的身份符號更能給他提供穩定安全的庇祐。民國十三年（1924）以後，孫詒澤鬻字為生，其所標榜的卻是不以書法名世的「家學」背景〔註70〕。民國中後期，孫氏家族權威的旁落幾乎以成共識，如時人遊歷玉海樓時所賦詩篇所言「玉海遺瞻徵士宅，蕉天留仰老人居。卷開八萬今何在，剩有殘篇付蠹魚」〔註71〕。

孫氏後人除了自傲於「太僕、學士兩公以文史之學名海內外」〔註72〕，以繼承父祖輩的「家族文化基因」為理所當然，也對家族的現狀感到擔憂。孫衣言兄弟的孫輩感慨孫鏘鳴當初辦團的失敗：「吾祖團練十載，砥柱一方，卒為奸人讒沮，不得與曾、李諸公頡頏上下於千載，風雲之會，功名之際，蓋不能無所憾焉。」〔註73〕在他們的家族史回溯中，發掘祖輩的文化遺產伴隨著對家族文化權威缺乏政治權威保障的遺憾。這也是孫詒讓仍在嘗試干涉團防的原因。當曾經滲透鄉邦的文化權威逐漸漂白為輕描淡寫的一句「承家學」，孫氏後人中也出現了意圖傚仿孫衣言築堡、孫鏘鳴辦團的聲音〔註74〕。這反映出孫衣言等營造的文化家族形象已經不能為子孫提供足夠強勢的文化話語權，孫氏後人無法複製甚至超越孫詒讓的地方影響力，由士紳家族主導的地方文化版圖也暴露出鬆動乃至顛覆的可能性。宣統二年（1910），孫詒澤借中央立憲之東風，倡議設立建議協會，意圖在非官方的背景下融合學術層面的政治研究與參加地方議政，但被地方政府以已有諮議局為由未予准

〔註68〕（清）姚永概撰，沈寂等標點：《慎宜軒日記》，合肥：黃山書社，2010年，第1436頁。

〔註69〕《甲寅週刊·通訊》，民國十四年（1925）第1卷，第16號第10頁。

〔註70〕《瑞安盤古山人孫詒澤仲颫鬻字》，《申報》民國十五年（1926）7月25日。

〔註71〕余雲鞏：《玉海樓》，宋維遠主編《瑞安古詩七百首》，北京：中國文史出版社，2008年，第200頁。

〔註72〕孫延第：《孫詒燕行述》，宋恕著，邱濤編：《中國近代思想家文庫：宋恕卷》，北京：中國人民大學出版社，2014年，第342頁。

〔註73〕王樹楠：《〈海日樓遺集〉序》，（清）孫鏘鳴撰，胡珠生編注：《孫鏘鳴集》，上海：上海社會科學院出版社，2003年，第673頁。

〔註74〕參見孫宣《朱廬筆記》（《青鶴》第2卷，第13期，第1頁）。

許立案〔註75〕。而其時執掌浙江諮議局事務者正是後起的溫州籍士紳陳黻宸，他與陳虯、宋恕等後起士紳的崛起對溫州的原有文化權力格局形成了衝擊，並引發了文化權力的重新分配。

東甌三傑成名之時，由孫、黃等人奠基的地方文化版圖已初具規模，二陳一宋等後起者首先得承認大族們在地方文化上的主導權。如宋恕所言：

> 平與瑞，隔飛雲江而治，衡自幼習聞先君及邑父老談瑞門地，必曰：孫、黃、洪、項。棟園先生者，洪宗之碩儒也，富覽記，工詞章，尤善為京都體沈博絕麗之古賦，故孫學士、黃通政咸深賞之，故孫徵君詒讓，亦稱其狀物筆妙妙似李申者，然先生早涉西洋政法、理化之說，本期有所施濟，不專欲鳴詞章。〔註76〕

此為光緒三十四年（1908年）宋恕為洪炳文六十大壽所作的壽詩序。身為孫鏘鳴之婿，宋恕不但清楚孫黃等士紳家族在地方上的地位，也在嘗試通過承認與融入這一格局，緩解與調和與士紳大族之間的分歧。此時，二陳與孫、黃尤其是項氏等士紳家族之間的矛盾已經爆發，宋恕從中調解，頗費心力。他既在孫、黃、項等人面前為陳黻宸迴護，又在二陳及其同儕面前勸導「鄉大紳之意亦頗轉，即不了，亦不至十分決裂也」〔註77〕。以支持袒護陳黻宸為基本立場，除了在具體事務上從中斡旋，在社交中也有所表現。如李世眾所指出，陳黻宸著意強調瑞安界域內「我黨」與「彼黨」的不同和優劣勢〔註78〕：一方面，雙方所倚恃的地緣紐帶上，「我之所以自存者惟賴有樂、平及永嘉之人耳」〔註79〕；一方面在雙方與地方官的關係上。正是因為雙方在社會身份與現實利益上確實爭鋒相對，所以宋恕傾向於以鄉後學的身份介入地方事務，強調兩者之同。相較於出生瑞安的二陳，身為平陽人的宋恕卻力求淡化兩地立場的區別。刊布上文時，他刪去原稿「山水則平勝於瑞，人物

〔註75〕參見《撫部院增闓瑞安縣孫詒澤等稟稱設立建議協會請立案由》(《浙江官報》第9期，1910年5月8日，文牘類，第87頁)。
〔註76〕宋恕：《洪棟園壽詩序》，邱濤編《中國近代思想家文庫：宋恕卷》，北京：中國人民大學出版社，2014年，第326頁。
〔註77〕宋恕：《與陳葆善箚》，陳虯、宋恕、陳黻宸撰，胡珠生編《東甌三先生集補編》，上海：上海社會科學院出版社，2005年，第245頁。
〔註78〕參見李世眾《晚清士紳與地方政治——以溫州為中心的考察》(上海：上海人民出版社，2006年，第362～363頁)。
〔註79〕陳黻宸：《致孟聰任書第十三》，陳德溥編《陳黻宸集》，北京：中華書局，1995年，第1121頁。

則瑞多於平」的內容，強調平、瑞地緣上的親近。宋恕也在各種場合強化瑞安名族與後起士紳的學緣上的相同與相似，如上文初稿「孫學士、黃通政咸深賞之」下還有「亦最早與同邑林上舍慶衍、金茂才晦、樂清陳孝廉虬等研究西洋政法學說」，在定稿時刪去。以與二陳頗多交往的洪炳文之學術特長與文化取向為線索，宋恕要營造的是瑞安群賢在學術與文化理念上的和諧。孫、黃等作為傳統士紳欣賞洪氏的詩文詞章，陳虬、林慶衍作為後起之秀則與之探討西洋政法學說，雙方的差別可以共存。而以大族為背景的洪炳文卻「不專欲詞章」，也可以透露宋恕若隱若現的傾向性。而洪炳文、孫詒棫等大族子弟與二陳一宋等所謂布衣士紳的交往也反映出，士紳對待鄉邦同人的態度並不完全取決於上下層士紳的社會身份，而是由多方面原因影響的。

以宋恕為例，之所以對士紳家族的態度較二陳更為和緩，也因為宋恕本人與孫衣言等人的關係更親密，他是孫鏘鳴的女婿。而其之所以參與調解二陳與大族的糾紛，是由於宋恕既與大族有親緣、地緣乃至一定學緣關係，又將力倡社會改革的二陳引為同調，也就不得不承擔維繫地方士紳間和諧關係的責任。也正因於此，宋恕在激賞陳黻宸才華學識、贊同其觀點主張、推許其百行無疵的同時，也一再表示對孫氏為代表的士紳家族的尊重。但與二陳的激進異曲同工，宋恕辛苦幹旋的出發點也是作為後起鄉紳分解甚至奪取大族士紳們的地方話語權，是以雖然以公允之姿出現，其立場傾向還是不言而喻的。如項崧作為項氏代表、孫衣言弟子，在幾次事件中與陳黻宸等後起士紳矛盾畢現，兩者幾乎水火不容。甚至陳黻宸在與友朋的函札中，以「霸王」影射項崧在地方上的權威與作風。宋恕在同情陳氏的基礎上，對項崧盡力規勸，但對項氏還是抱有一份尊敬。宋恕在陳黻宸五十壽時，在為陳黻宸作文祝頌時，有意無意地說：「憶吾溫之為廩生而不索賄於文武童，而為衡所親睹者，則吾平有先君，而瑞有項先生仲芳及先生耳」〔註80〕。時項陳矛盾已爆發無遺，在陳氏壽上提及項氏，並將自己父親宋賓並列在內，其中隱義也可稍窺一斑。在項崧去世後，宋恕作輓聯數副，中有：「心跡視鮮庵豈殊，成疾鄂與杭，同是積勞緣學務；教育繼籀頌作長，哭師申復酉，更誰接武鑄吾曹。」「桑梓固多才，惜群賢意氣未平，遂使觀風譏洛蜀；門牆期卒業，悲長者春秋猶富，奈何立雪棄遊楊」〔註81〕。

〔註80〕宋恕：《陳介石五十壽詩序》，邱濤編《中國近代思想家文庫：宋恕卷》，北京：中國人民大學出版社，2014年，第333頁。

〔註81〕陳虬、宋恕、陳黻宸撰，胡珠生編：《東甌三先生集補編》，上海：上海社會

值得注意的是，前者是宋恕「代中學校」作，後者卻是「代中學生作」。在中學校的角度盛讚項崧與黃紹箕、孫詒讓為地方教育學務所做出的貢獻，在中學生的角度則不無微詞。尤其「觀風譏洛、蜀」之言，則就項崧而借題發揮，直指孫詒讓等大族所把控的晚清地方文化格局。由於此時孫詒讓早已離世，項崧也剛剛亡故，宋恕終於無甚顧忌地在輓聯中如此直接地面刺其過。

首先需要說明的是，宋恕對孫詒讓之學是甚為推崇的：「晨星落落，孫禮洪樂」〔註82〕。他也深知二陳等後起鄉學在學術上存在很大漏洞：「其宗旨與禮不合，考證亦或欠核」。作為學者，宋恕包括地方上一些同時期的士紳還是希望通過社會文化教育活動形成孫詒讓等與二陳的共存，實現「並列出席，群賢畢至」的「吾鄉一盛事」〔註83〕。這一心理活動，並非純出自於社會身份上「上下層士紳」的劃分，也是針對當時所謂「溫州二黨」、「溫州三黨」的傳言而作的表態。

> 仲容經學湛深，郡人莫不仰若山斗。獨陳志三起，而以經濟之說與之爭雄，溫州學子遂分二黨，積不想能。日尋舌鋒以相攻擊，於是彼此醜詆，略似北宋之蘇、程。〔註84〕

> 恕昔以調停，故得罪仲容，又被誚志三；兼所學兩異，仲、志愈趨愈遠，愈不可合。年來好事者遂有「溫學三黨」之目，實則仲、志有黨，而恕無黨。猶洛、蜀、朔三黨，朔本無黨，徒以秉公論理，不附洛、蜀，遂有朔黨之目耳。〔註85〕

宋恕把孫氏與陳虬的矛盾歸因於學術，固然有「為尊者諱、為賢者諱的因素在」〔註86〕，但也說明學術話語是他們建立權威的基本渠道。二陳一宋等新興士紳雖然被學者目為「布衣士紳」，但其自身被大眾所認識並獲取一定

科學院出版社，2005 年，第 116～117 頁。
〔註82〕宋恕：《洪棟園壽詩序》，邱濤編《中國近代思想家文庫：宋恕卷》，北京：中國人民大學出版社，2014 年，第 327 頁。
〔註83〕政協瑞安市文史資料委員會編：《瑞安文史資料第 19 輯：孫詒讓學記（選）》，香港：香港天馬圖書有限公司，2000 年，第 428 頁。
〔註84〕宋恕：《致葉浩吾書》，胡珠生編：《宋恕集》，北京：中華書局，1993 年，第 593～594 頁。
〔註85〕宋恕：《致楊定甫書》，邱濤編《中國近代思想家文庫：宋恕卷》，北京：中國人民大學出版社，2014 年，第 379 頁。
〔註86〕李世眾：《晚清士紳與地方政治——以溫州為中心的考察》，上海：上海人民出版社，2006 年，第 341 頁。

社會權威，仍是以自身的文化學術理念和能力為途徑。這段話實際上透露了後起鄉學的出現及流行在很大程度上削弱了孫、黃等大族對於知識、文化權威的壟斷。陳氏依借當時蔚為時尚的改革變法時學，並化為己用，一派開地方風氣的氣魄，門生遍布地方，給歷經兩世才鞏固文化權威的孫氏帶來了威脅。更有甚者，陳氏主動挑戰孫氏在地方上的威信，指斥孫氏「居鄉專恣」〔註87〕云云，也是建立在其所領導的求志社所倡導的新思想理念在地方上頗有受眾。

面對這樣的世殊時異，孫詒讓一方面淡化了其父鼓吹的永嘉之學，並活用《周禮》牽合西學迎合變法之風；一方面也對二陳之流持有一定程度的打壓態度，並在科場案中有所展露。但孫詒讓出於對時代潮流的判斷和個人處事的一貫態度，最終在宋恕等士紳調解下與陳氏基本和解。而三黨之謂，除了宋恕的自我標榜和辯誣，也暗示了在兩者並非截然而異，而是互相融合、互相滲透的，以致社會身份與學術觀點上均游離於「二黨」如宋恕者被目為第三黨。在這紛紜而起又觀點相異的後起士紳們眼中，如何評價與看待孫衣言家族不僅是展示立場的方式，也是利用現有文化標的與符號提升自身話語權的過程。

第三節　文化記憶中的孫衣言及其家族

一、「吾師琴西太僕」的紐帶意義

如前所述，後起鄉紳的崛起對士紳大族的衝擊是無可置疑的，但兩者間的鬥爭並非因為社會身份的區別而呈現二元對立之勢，而是隨機應變、因時制宜的。如有學者所概括的「中國地方精英不斷組建和重建關係網絡，建構有利於相同地位者，卻不利於低級士紳與非士紳者的關係網絡」〔註88〕。以「瑞安中學存停之爭」為例，項湘藻、孫詒澤等主存派固然多為大族出身，但大族中也多有認同二陳主廢者：「遺之、端卿、谷農、小梅、達夫、博卿、

〔註87〕林煒然：《改良派的重要人物陳虬軼事》，政協瑞安縣文史資料委員會編《瑞安文史資料第2輯》，1984年，第14頁。

〔註88〕Brook, Timothy. *Family Continuity and Cultural Hegemony: The Gentry of Ningbo, 1368-1911*, Joseph Eshrick and Mary Rankin: Chinese Local Elites and Patterns of Dominance. Berkeley: University of Carlifornia Press, 1990, pp.27-50.

叔玉、雲山皆為望族名士而皆主停」〔註89〕。由是也可見，孫、黃等把控的文化權力格局雖然在新一代的衝擊下出現分裂，但並非呈現顛覆之勢，於是他們對舊有格局的象徵人物孫衣言及其家族懷著矛盾複雜的態度。

前已述及，在金錢會以後，孫氏家族的主要成員介入地方的主要方式多是通過干預地方文教事業。年輩稍晚的鄉紳很多都與孫氏的相關行為有或多或少的瓜葛，這構成了他們作為後來者與孫氏這樣的地方文化權威之間的學緣關係。憑藉「聚鄉里英才而講授之」的家塾詒善祠塾，孫衣言試圖網羅鄉邦後起的知識精英，後起的知識精英也多把詒善祠塾的經歷作為開展社交、建立聲望的渠道。即使是在金錢會後隱居地方的孫鏘鳴，在其生命的中後期，講學也是他生活的重要內容。在執鞭鍾山、惜陰、龍門、正誼等書院之外，孫鏘鳴在溫州界域內的瑞安玉尺書院、平陽龍湖書院、永嘉東山書院也曾任講席，即所謂「用則行其學於世，捨則傳其學於徒」〔註90〕。

在鄉里後學的交際網絡中，「吾師孫太僕」成了一個頗具輻射力的文化認同符號。正如孫衣言引入孫希旦作為攀繫永嘉諸儒的跳板，後起士紳們也通過重疊孫衣言在公共生活與私人生活中的角色來自賦闡發這一形象的權力。在此背景下，出於不同的出身與目的，後輩士紳對於「吾師孫太僕」形象符號的闡釋也就展現出了不同的特點。

同樣作為晚清瑞安地區崛起一時並舉足輕重的士紳家族，黃氏、項氏等大族與孫氏關係盤根錯節，其代表人物對孫衣言的看法也常常凸顯家族之間的親密關係。相較於詒善祠塾的集體教育，如前所述，在這些晚輩士紳中，黃體芳年輩與孫衣言最近，常以非詒善祠塾係的孫氏門人自居，其含義就超越了個人學脈的層面，而是隱含著延續孫、黃兩家作為地方文化隔絕奠定者之間合作關係的意義，也彰顯了相較於他人所具有的特殊性。這在黃紹箕、黃紹第身上也得到了延續，他們與孫詒讓等過從甚密，黃紹箕更是與孫詒讓並稱為「二仲先生」。黃紹箕少時求學詒善祠塾，光緒二年（1876）肄業。在孫衣言在世時，即曾詩讚黃紹箕「藉甚黃童妙少年」，賀黃紹箕入翰林「巍科今日復登仙」〔註91〕。

〔註89〕宋恕：《己酉日記（正月十四日）》，宋恕著，邱濤編：《中國近代思想家文庫：宋恕卷》，北京：中國人民大學出版社，2014年，第532頁。

〔註90〕王樹楠：《〈海日樓遺集〉序》，（清）孫鏘鳴撰，胡珠生編注：《孫鏘鳴集》，上海：上海社會科學院出版社，2003年，第674頁。

〔註91〕（清）孫衣言：《賀黃仲弢紹箕入翰林》，《遜學齋詩續鈔》卷四，清光緒間刻本。

受到孫氏提攜的黃紹箕兄弟不僅以孫氏門生作為地方交往中的重要身份，更在孫氏兄弟的接受史與表彰史上扮演了重要角色，參與甚至很大程度上引領了以孫氏為中心的製造鄉賢的造神運動。

光緒二十八年（1902），黃紹箕倡議在孫詒讓創建的學淵書院中奉祀孫衣言兄弟神主，並有撰文：

> 蓋聞純儒表裏，經神尊通德之門；退老教鄉，樂祖重瞽宗之祀。況復梓桑敬修，棣萼聯輝，媲美四林，紹徽三鄭。講求經濟，永嘉之絕學重昌；眷念鄉閭，集賢之舊居未改。生則讀書，論世尚友古人；沒則合食，同龕宜光盛典。……伏維先儒太僕卿、侍郎二孫先生，一門孝友，四海魁者。中朝侍從之臣，百世人倫之表。簪豪記注，高才遠軼乎郊祁；抗疏論思，亮節上儕乎坡潁。蒐許、劉、葉陳之遺著，學綜文儒；歷吳、皖、楚、粵之名邦，澤兼教治。早年共墨，同講誦於山中；晚歲聯床，並優游於林下。固宜楷模朝士，主臬儒林。至於考伊洛之編，闡幽光於道學，紬曲臺之記，刊定本於禮書。……奉手橫經，多再傳之弟子；垂髫執業，亦私淑之門人。所冀華表神歸，講廬澤溥，儒風遠扇，化雨時沾。徘徊石室之圖，循復禮堂之錄。歿祭於社，念功德之在士林；書傳其人，願弦誦之綿學統。〔註92〕

鄉賢祭祀，古已有之，它是鄉紳引領地方文化導向，奠定輿論基調的一種途徑。傳統社會中鄉賢的祭祀活動向來被認為是超乎一家一姓的地方公共活動，所謂「鄉賢之祀，關閭巷萬口公論，關國家彰癉大典，非勢位可得而干，非子孫可得而私」〔註93〕。鄉賢尤其近時鄉賢的選擇權，掌控在少數地方精英的手中，所以鄉賢奉祀也常成為與受祀者存在親緣、學緣關係的後輩精英繼承權威的途徑，其甚者即所謂「有力子孫遮掩門戶及無恥生員餔啜之計相共成之」〔註94〕。時賢的崇祀在清後期頗為流行，其隱義則是士紳圍繞構建地方學術文化脈絡展開的種種合作與競爭。有學者在研究湖湘士紳的時賢崇祀時指出：「湖湘學人亦常推出新的崇祀時賢偶像，以此喚起士人對古典

〔註92〕（清）黃紹箕：《奉孫太僕孫侍郎兩先生神主崇祀學淵書院祭文》，俞天舒編《瑞安文史資料第十七輯 黃紹箕集》，溫州：瑞安市文史資料委員會，1998年，第64頁。

〔註93〕（明）唐順之：《與人論祀鄉賢》，《荊川集》卷七，《四部叢刊》影明本。

〔註94〕（明）唐順之：《與人論祀鄉賢》，《荊川集》卷七，《四部叢刊》影明本。

鄉賢形象的回溯記憶。晚清湘人不斷強化對王船山的崇祀儀軌，即是以『時賢』之思疊現『古鄉賢』之魂的嘗試。……追慕先賢遺跡，正是培育士人形成文化區域壟斷心理的絕好途徑。」〔註95〕孫衣言的案例於此又有區別，他既是黃紹箕等嫁接與疊現南宋永嘉諸賢的節點，也是黃氏家族對包括孫詒讓等子嗣在內的孫氏家族在瑞安界域內文化領袖身份的認可。

學淵書院為孫詒讓所創，費用就賓興款撥用，原祀有宋儒謝佃、清儒孫希旦分別作為遠代和近時鄉賢的代表。孫氏所創之書院中奉祀其父、其叔，由黃氏出面奉迎，既是為了避免借公濟私、「尊顯其父祖」〔註96〕之譏，也是展示士紳大族在文化領域某種程度上的統一。在上述引文中，黃氏對於孫衣言、孫鏘鳴的形象塑造並無大的發明創新，凸顯的主要元素依然是仕宦、文學、永嘉學術、兄弟一體。其所補充與強調者，是鄉邦後學對孫氏文化遺產的繼承，這反映出孫氏的再傳門人、私淑弟子在地方上均有所建樹，並且試圖維繫孫衣言等創建的文化格局。如黃氏所言，不論在出身上是否相同，甚至不論是否果真出身詒善祠塾，士紳子弟們都對「吾師孫太僕」形成一種默契。這正是多年來孫衣言整理鄉邦文獻、推動鄉學家學化乃至介入地方教育的有效成果。值得注意的是，正如當年孫衣言從推崇孫希旦而至宋儒，進而梳理地方學術文化脈絡，黃氏等也試圖通過近似的方式為地方學脈追根溯源，形成區域內的文化認同。

黃氏的表達模式在大族子弟間成為一種不言而喻的默契，他們都從承認「孫氏門人」的身份符號入手，達成與孫詒讓在地方社會事務上的合作。他們所需要的孫衣言除了黃紹箕式囊括各方面的形象，還需要側重對孫詒讓的傳承。所以既要表示曾得到孫衣言的傳授與鼓勵，「以文字受知太僕師，以水心見期」〔註97〕，也要強調孫詒讓才是孫衣言兄弟權威的天然繼承人，需「以所業就正於君」〔註98〕。他們不但大書特書孫衣言對永嘉之學存亡續斷的功

〔註95〕楊念群：《儒學地域化的近代形態——三大知識群體互動的比較研究》，北京：生活・讀書・新知三聯書店，1997 年，第 364、367 頁。

〔註96〕（明）何良俊撰，李劍雄校點：《四友齋叢說》，上海：上海古籍出版社，2012年，第 104 頁。

〔註97〕項崧：《孫籀廎壽敘》，轉引自政協瑞安市文史資料委員會編：《瑞安文史資料第 19 輯——孫詒讓學記（選）》，香港：香港天馬圖書有限公司，2000 年，第 249 頁。

〔註98〕項崧：《孫籀廎壽敘》，轉引自政協瑞安市文史資料委員會編：《瑞安文史資料第 19 輯——孫詒讓學記（選）》，香港：香港天馬圖書有限公司，2000 年，第 249 頁。

績，更積極把孫詒讓納入這一敘述線索，形成所謂的「乾嘉著述，陳葉家風」
〔註 99〕。及至孫詒讓晚年，孫衣言苦心營造的文化家族形象在大族子弟乃至
詒善祠塾生徒間已見成效，基本成為共識。他們不僅認可孫衣言、孫鏘鳴、
孫詒讓等人作為個體在地方上的作為與影響力，也以家族為單位看待孫氏的
文化輻射力。於是他們普遍默認了「遜學既徂，有子繁斯文一脈」〔註 100〕的
文化發展理路。林慶衍等詒善祠塾出來的士紳子弟甚至有意把孫衣言、孫鏘
鳴的兄弟一體形象塑造在孫詒讓、孫詒燕身上延續下去〔註 101〕。

以師承為憑依，一些出身詒善祠塾或者曾受教孫鏘鳴的後起士紳得以
在所謂「溫州二黨」或「溫州三黨」間周旋，為自己在地方文化權力版圖中
求得一席之地。於是，他們在社交中既一再強調孫氏對於地方學術文化的
承上啟下意義：「我鄉陳、葉不作，永嘉學衰，餘風流韻，千載一泄。當清
咸同光緒之間，吾師孫太僕以古文崛起，比蹤前代，湘鄉之嫡傳，桐城之別
派也。」〔註 102〕

在後起各方士紳的公推下，孫衣言的文化形象突破了家族的親緣關係與
師承的血緣關係，地緣關係則被大書特書，成為近世溫州地區的公共偶像，
成為各方在某一層面上達成相對共識的條件。

二、「鄉學名人堂」裏的孫氏家族

晚清之際，實學是最受歡迎的時學，從永嘉之學到「周禮」致用〔註 103〕
均非純粹的文化保守主義，而是借古學復興迎合經世理念。他們的目的是順
應而非背離主流思潮。後起士紳也重蹈此道，以經世示人，只是他們的環境
更為自由、行為更加直接。二陳一宋等所謂「布衣士紳」固然積極履踐政治

〔註 99〕 項崧挽孫詒讓聯。
〔註 100〕項芳薈挽孫詒讓聯。
〔註 101〕（清）孫宣：《朱廬筆記》卷三「仲容兄弟」條，轉引自陳瑞贊編注《東甌
　　　　逸事匯錄》，上海：上海社會科學院出版社，2006 年，第 516～517 頁。
〔註 102〕池志澂：《真曳六十夫婦雙壽序》，張鈞孫、張鐵孫、戴若蘭《（度支）隱園
　　　　詩文輯存》，香港：香港出版社，2005 年，第 510 頁。
〔註 103〕關於晚清經世思潮的類分，眾說紛紜。馮天瑜、黃長義把晚清經世實學的流
　　　　變與演邊，總結為三種路向（今文學、宋學、古文學），四個階段（復興期、
　　　　高潮期、蛻變期、終結期）（馮天瑜、黃長義《晚清經世實學》，上海：上海
　　　　社會科學院出版社，2002 年，578～584 頁）。武道房則將經世派二分為理
　　　　學經世與今文經學派（《論嘉道經世學派的興起及其對晚清社會的影響》，《貴
　　　　州師範大學學報（社會科學版）》，2009 年第 2 期，第 69～75 頁）。

實驗，務求學術與社會事務的統合，士紳大族子弟們也把「實務」作為口頭
禪，更把「究心西學，化、電、製造諸書皆涉獵得門徑」者〔註104〕作為士紳
子弟的榜樣。更值得注意的是，他們都在不同程度地否定孫衣言當年通過詒
善祠塾等措施所籌劃的理想鄉邦風氣。陳黻宸以宋儒為「空言立教」〔註105〕，
項崧也抨擊科舉體制「錮聰蔽明，以釀成空疏迂陋之習，而時文一道，遂為
近世所詬病」〔註106〕。這與心向宋儒、重視時文的孫衣言均大相徑庭。

　　但是，要在地方立新，僅僅破舊難以服眾。作為新舊交替之際的地方士
紳，他們的知識來源與實際環境要求他們對於文化傳統尤其地方性文化傳統
有所繼承。於是他們同樣需要凸顯與鄉學傳統之間血濃於水的聯繫，夯實措
施於地方的文化基礎。通過建立一座抽象意義上可供瞻仰的「鄉學名人堂」
存貯地方性知識與文化記憶，並可時常發揮其象徵意涵，以資實用。

　　前文提到，早在孫衣言晚年，永嘉之學這一話語符號已經成為其文化形
象的主要特徵。在黃體芳等早期孫氏弟子的大力推動下，孫衣言被鑲嵌進了
其引領建構的由葉陳領銜的鄉賢譜系中，孫衣言鄉學家學化的藍圖沒有得到
包括孫詒讓在內的孫氏後人足夠有力的承遞，但卻給出於不同目的的後起士
紳提供了便利的文化武器。他們鞏固孫衣言永嘉功臣的定位，除了追慕鄉賢
與考辨學術，還暗藏著以此為契機謀求文化認同、接近地方文化權威的目的。
有資格或自認有資格號稱孫氏弟子的士紳們在喚醒這段尚未冷卻的地方性歷
史記憶和文化記憶時，都自然而然地把焦點放在永嘉之學之上。正如當年孫
衣言通過孫希旦來建立與遠隔數代的永嘉學派之間的聯繫，孫氏門人們也通
過與孫衣言之間的師承關係搜索自己在地方文化版圖中的地位。與孫氏當年
類似，他們所利用者，正是學緣關係的天然性。黃體芳自然首當其衝，在他
為孫衣言賀壽的那篇長文中，在統括孫衣言豐富的鄉學建構與文獻編輯功績
之後，他巧妙地暗示了自己對孫衣言文化權威的合理繼承權。

　　　　往歲行年六十，吾師厚賜之言，極論時事本末利害之數，鏊然
　　有當於心。輒復推而究之以訊學者，誠能學鄉先生之學，而無為朱
　　子之徒所譏，則所以永吾師教思於無窮者莫大乎是，即稱祝之義亦

〔註104〕項崧：《洪棟園先生五十壽序》，洪炳文撰，沈不沉編《洪炳文集》，上海：
　　　　上海社會科學院出版社，2004 年 8 月，第 636 頁。
〔註105〕尹燕：《陳黻宸學術思想研究》，杭州：浙江人民出版社，2011 年，第 79 頁。
〔註106〕項崧：《洪棟園先生五十壽序》，洪炳文撰，沈不沉編《洪炳文集》，上海：
　　　　上海社會科學院出版社，2004 年 8 月，第 636 頁。

> 孰有大焉者乎？若夫師之蒞政清平，澤被吳楚，詩古文辭之工，自
> 陳葉二先生後，夐絕倫比，世多知之。重為雕飾，以傚流俗之諛詞，
> 所不敢出也。〔註107〕

　　黃氏之文，前已介紹，直至篇末黃氏才提及時人推重的孫衣言在仕宦及詩文方面的成就，以為「世多知之」，他可以說是真正花費篇幅強調孫氏與鄉學接受史關係的第一人。黃體芳曾受孫衣言「或語及經濟文章，必為言水心」的親教，並得孫氏以校刊《習學記言序目》的任務「屬之於體芳」〔註108〕。於是在凝聚在「吾師孫太僕」周圍的眾紳中，仕宦更為顯赫、年輩較為尊長、親自參與文獻工作的黃體芳最有權、有底蘊和有能力接過鄉學大旗。此外，永嘉學術常被約化為「事功」，這為士紳等參與鄉邦乃至更大空間內的公共事務提供了鄉學淵源。這也是他們要借「吾師孫太僕」來勾連永嘉之學的一個動機。

　　黃紹箕沿著黃體芳的敘述邏輯更趨深化，以兄弟乃至家族為單位看待孫氏與永嘉之學的關係：「多導源於家學，乃接秀於鄉髦。先生白首同歡，黃經相勵。講文節之經制，掌故俱諳；誦水心之文章，事功爭茂。」〔註109〕這也意味著，黃氏家族承認孫衣言兄弟「鄉學家學化」的成果同時，也為孫衣言兄弟留出了鄉學名人堂中的一席之地。在孫衣言、孫鏘鳴過世後，隨著時潮湧動，新趨勢在士紳間逐漸形成新勢力，他們在對孫、黃等已成氣候的家族利益發起挑戰的同時，也在改造孫衣言與其家族的文化形象。他們期待取代的除了士紳家族的社會地位，還有文化地位。正如孫衣言當年所為，士紳們也把孫氏家族作為尚屬新鮮的文化記憶施以粉墨，把「孫氏家族」化用到獲取鄉邦文化繼承與闡揚權的過程中。

　　倡辦求志社時，東甌三傑不約而同地提到了詒善祠塾。以宋恕之言最被廣為流傳：

> 當是時，孫太僕歸田，提倡鄉哲薛、鄭、陳、葉之學，設詒善
> 祠塾以館英少。其後瑞人才所出，苟非詒善祠塾，則必求志社，求

〔註107〕黃體芳：《孫遜學先生七十有九壽序》，俞天舒編《黃體芳集》，上海：上海社會科學院出版社，2004年，第178頁。

〔註108〕黃體芳：《〈習學記言序目〉敘》，俞天舒編《黃體芳集》，上海：上海社會科學院出版社，2004年，第151頁。

〔註109〕黃紹箕：《孫止菴侍郎七十壽序》，俞天舒輯《瑞安文史資料第17輯：黃紹箕集》，政協瑞安市文史資料委員會，1998年12月，第68頁。

　　志社聞天下，當是時，孫學士掌教府中山、縣玉尺諸書院，憎抑嘉、
道後所謂「墨調」，而愛賞胎息《三史》及周、秦諸子之文，每得先
生課作，輒歎曰：「文壇飛將！文壇飛將！」不置，則必以壓諸卷。
當是時，詒善祠塾中英少，獨同縣林上舍慶衍，文學庶幾足伯仲先
生。〔註110〕

　　有學者以此為證，說明上、下層士紳間的非此即彼〔註111〕。其實，這段
文字是用孫衣言及詒善祠塾與永嘉學派的關係來類比求志社開風氣之先的教
化意義。與黃氏等一樣，宋恕等儘管形成了對士紳家族的衝擊，但同樣默認
永嘉學派為鄉學正宗，並且是一度中斷或者失落的鄉學正宗。這樣，認同孫
氏的地位即尊重鄉學傳統，因此宋恕才會說：

　　自元明都燕，取士法陋，溫復僻荒，至皇朝荒益甚。阮公元督
浙學，憫溫之荒，殷殷誘焉而不能破。及先生與兄太僕公出，力任
破荒，不憚舌敝。及科第仕宦之重動父兄子弟之聽，於是溫人始復
知有永嘉之學，始復知有其他學派。〔註112〕

　　新興士紳並不願把自己置諸鄉邦近世文化奠基者的敵對面，而是努力製
造雙方和諧互補的局面。如劉紹寬所說：「吾鄉自太僕孫氏以永嘉經制之學倡，
同時有求志社，相與應和。」〔註113〕。」求志社不僅不是孫氏的對立面或競
爭對手，還是互相配合、互相呼應的搭檔，而彌合他們之間差異的正是「永
嘉經制之學」這一地緣性學術紐帶。

　　無論來自哪個陣營、出於何種目的，後起士紳都在梳理一條似乎順暢且
有跡可循的直線化的鄉學脈絡。孫衣言乃至孫氏家族在此基本被確認為鄉學
正統的重啟點，在某種意義上也是終點。雖然孫衣言的永嘉學實踐更多地停
留在學術史追溯與文獻挖掘上，但在其後聲言推崇鄉學的諸紳更多地是看重
外延寬廣的「事功」概念，為涉及地方事務披上學術外衣。其中陳黻宸慧眼
獨具，他拒絕以「事功之學」代指永嘉學派，以為「無事功之心性，無用之學

〔註110〕　宋恕：《陳介石五十壽詩序》，邱濤編《中國近代思想家文庫：宋恕卷》，北
　　　　　京：中國人民大學出版社，2014 年，第 333 頁。
〔註111〕　參見李世眾：《晚清士紳與地方政治——以溫州為中心的考察》，上海：上海
　　　　　人民出版社，2006 年，第 331 頁。
〔註112〕　宋恕：《外舅孫止菴師學行略述》，邱濤編：《中國近代思想家文庫：宋恕卷》，
　　　　　北京：中國人民大學出版社，2014 年，第 247 頁。
〔註113〕　《文錄二首》，《華國月刊》民國十五年（1926）第 3 卷第 3 冊，第 10 頁。

也。無心性之事功，無體之事業。且捨心性而言事功，溺富貴利功名之士，竊其術以賊天下」〔註114〕。但如陳氏者畢竟少數，孫衣言重倡永嘉的形象愈趨穩定具體，其具體文化主張也愈趨模糊含混；孫氏作為文化家族的定位越發不可動搖，他們的文化權力越被限囿在文化學術範疇內，難以滲透進地方領導權。最終在士紳們築造的鄉學名人堂，孫衣言及其家族逐漸成為特點鮮明卻面貌模糊的新成員。

三、從「墳墓」到「紀念碑」

　　如果說後輩士紳從學術文化角度對孫衣言兄弟的推崇反映出孫氏家族在地方上文化意義上的昇華和約化，從 1910 年孫衣言墳塋被盜發事件後地方士紳的反應中更可以透視清亡前夕孫衣言及其家族在地方權力格局中的定位與影響。

　　宣統元年舊曆十一月廿九日，孫衣言墓被盜墓者盜掘，這一事件在溫州地區的士紳中引發震動。十二月十三日，《危言報》刊布此事，在微妙且緊張的時局下，這件事迅速升溫，從家族的私事升格為士紳圈內的一次集體性事件。數日後，鄉紳由宋恕牽頭呈稟：

> 　　為確具名宦、鄉賢人格之故紳，慘遭夥盜發墓，僉懇據稟飭司，
> 比照鄉賢墓遭盜發律例，從嚴辦理，以勸廉吏而助法政之改良、慰
> 真儒而謀教育之進步事。竊紳等籍溫臺處，上月下旬，溫屬之瑞安
> 縣出有故太僕卿孫紳墓遭盜發一案，行路聞之，莫不流涕……並據
> 孫姓至戚對人言及「棺中殮物，除衣衾外，但有木質朝珠，風籐、
> 手鐲之屬，件不滿十，值又甚微，且大半已腐化」等情，紳等聞之，
> 益為嗚咽。〔註115〕

　　宋恕的呈文對孫衣言做了定性：名宦、鄉賢、故紳，從官方名義、鄉邦認同和社會身份三重角度認可了早已過世的孫衣言，允許甚至期待「孫衣言」上升為文化符號，以引起官方對此事的重視。這件事的申訴主體也從孫氏家族轉移到了宋恕們手中，孫姓至戚作為證人陳述著現場的慘狀，宋恕

〔註114〕陳黻宸：《南武講學錄‧第三期》，《陳黻宸集》，北京：中華書局，1995 年，第 642 頁。

〔註115〕宋恕：《盜發孫太僕墓，公懇浙撫憲從嚴辦理稟》，邱濤編：《中國近代思想家文庫：宋恕卷》，北京：中國人民大學出版社，2014 年，第 344 頁。

們則為之痛心疾首、垂淚流涕。隨著孫詒谷、孫詒讓等的離世和孫氏文化權威的旁落，家族血緣的親密性不得不讓步於鄉邦學界後輩在地緣、學緣上若即若離的關係。為了證明孫衣言墓被盜案不是屬於孫氏一家的私事，而是「有關於法政及教育之前途甚巨，決非尋常大紳墓遭盜發，慘止一門，無關全局者比」〔註116〕。既非一門一姓之事，自然需要渲染孫衣言其人對於鄉人的輻射力：

　　……該故紳卒於光緒甲午，請祀鄉賢，年未及限。鄉人不能忍
　待，先共私奉其神主於澄江賢祠而馨香之，並及其子、故學部二等
　諮議官詒讓。頃者，瑞安民智稍闢，宦途積弊，漸多略知，敬慕前
　修，因之倍眾。且有建議為該故紳父子鑄銅像、立專祠、築紀念亭
　者。是鄉賢之祀雖滯於卒後年限，有待上聞，而該故紳之確具鄉賢
　人格，則豈獨溫郡士大夫所公認者耶？然則就本案論本案，若不獲
　比照名宦鄉賢墓盜發律例辦理，將何以勸廉吏而慰真儒？〔註117〕

　　孫衣言死後不久，親孫氏的士紳們即提議以鄉賢禮奉祀，加速其進入正統祭祀序列的進程，但因不符合朝廷對於鄉賢祭祀年限的要求只好作罷。但由於孫衣言死後，孫詒讓在地方上的聲望和能量並不遜於其父，孫氏乃可以家族形式躋身鄉賢崇拜對象。而以孫詒讓之死為節點，士紳需要對孫氏經營二世的成果做一個具有表彰意義的統括，某種意義上也是對孫氏家族為核心參與者的文化權力格局的一種收束。這從這次具名同稟的士紳上可見一斑，名單以官階為主要排序，首當其衝的是被認為是「布衣士紳」的陳黻宸，其後依次是楊晨、徐定超、余朝紳、章梫等孫氏的友人與門生，其中參差著黃紹第、洪錦標、項湘藻這樣的大族子弟，也不乏出身低微的後起之秀。此時他們已經、正在或者即將進行著開辦府學堂、成立商會、創辦商業學校等適應時局的各色事業活動。無論身處何種陣營，他們需要建造一座紀念碑，把孫衣言、孫詒讓和子弟尚在的孫氏家族刻名其上，以便於在繼承先賢流風遺志的旗幟下自主開創溫州地域新的文化格局。是以他們積極謀求為孫氏父子鑄銅像、立專祠、築紀念亭，並以孫氏盜墓案為一個觸發點達成了一致。

〔註116〕宋恕：《盜發孫太僕墓，公懇浙撫憲從嚴辦理稟》，邱濤編：《中國近代思想
　　　　家文庫：宋恕卷》，北京：中國人民大學出版社，2014年，第344頁。
〔註117〕宋恕：《盜發孫太僕墓，公懇浙撫憲從嚴辦理稟》，邱濤編：《中國近代思想
　　　　家文庫：宋恕卷》，第345頁。

宋恕以高度的敏感察覺到了在那個新舊交替的時期正是完成這一更新換代的良好契機，他把孫衣言盜墓案的懲處與政府機構的改革想聯繫，以引起官府關注，並賦予一件盜墓案繼往開來的深刻意義。他一再提醒當道「恭值親賢攝政，圖治孜孜，朝野勝流方群焉為法政改良、教育進步計」，希望對方意識到地方士紳對這件事的參與權具有公私兩方面的正當性：「惟伏念紳等或本有言責，或現充議員，或助理桑梓一切新機關，際此豫備立憲時代，苟見有關於法政及教育前途甚巨之事，均未便自同寒蟬，蹈放棄義務之咎」〔註118〕。考慮到此事在墓發當日即被報知，十二月二日即由瑞安知縣朱令桐親往履勘，事實本十分清楚，且已然引起了地方官的高度重視，士紳們借題發揮的意圖非常明顯。他們之所以將此事的闡釋權和申訴權從孫氏後人手中搶過，目的是希望在保障紳權在豫備立憲、革故鼎新的新政策中佔據一席之地。他們以孫衣言墓壙被盜為關係法政改良、教育進步的大事，是想利用已死的孫氏來維繫紳權在新局面下的生存。

由於宋恕的呈文與溫處士紳的共同利益有關，故而得到了各方各派士紳的支持。在這一過程中，宋恕以孫衣言墳塋被盜為契機，從中積極幹旋，試圖統合溫臺處地區的士紳的歧見，使他們以追尊鄉賢為名義達成統一。他在給劉紹寬、黃世蘇的信中如是說：

> 瑞安孫太僕之為廉吏，江皖官吏久有定論。至其為鴻儒，則海內外通人益早共知。而溫台處三郡今年發揚國粹、吸收歐化之功，尤工推為第一。今遭夥盜發墓，竊料三郡必當認為先哲遭慘問題，不誤認為故紳遭慘問題而公憤勃發。……想兩先生與故學誻先生至好，此舉必肯慨列臺銜。至貴同事共有幾位願列臺銜，並祈先行開知。〔註119〕

他希望士紳們意識到，作為「先哲」的孫衣言是屬於溫臺處三郡的共同文化遺產，而不是因為與故紳孫衣言個人關係的親疏遠近而影響各派系士紳對此事的參與。與之前溫州士紳間發生的各次衝突中一樣，宋恕利用個人的影響力，極力緩和各派勢力之間的衝突。他希望將團結一致的三郡士紳面貌

〔註118〕宋恕：《盜發孫太僕墓，公懇浙撫憲從嚴辦理稟》，邱濤編：《中國近代思想家文庫：宋恕卷》，北京：中國人民大學出版社，2014年，第345頁。
〔註119〕宋恕：《致劉、黃兩監督書》，邱濤編：《中國近代思想家文庫：宋恕卷》，北京：中國人民大學出版社，2014年，第462頁。

呈現給地方官府，引發對方的充分重視。

除了維護甚至擴張紳權的意圖，宋恕對孫衣言墳墓被盜案的熱心，也與他個人對孫氏後人的看法有關。如前所述，他雖與孫詒讓等人關係緊密，對其他孫氏後人則微詞頗多，對孫詒讓死後最能掌控孫氏話語權的孫詒澤，更是不屑其以科第功名阿諛項氏等士紳。作為孫鏘鳴的女婿，他對孫衣言家族文化意涵的闡發與貨真價實的孫氏後人們卻是相對脫節。

後起士紳對所謂大族構成威脅，但地方士紳身份的複雜性又決定了他們不得不在地方事務上互相退讓和合作。以與大族士紳矛盾最為激烈的陳黻宸、陳虯為例。陳黻宸考得生員時的業師即孫鏘鳴，陳虯也是被孫氏盛讚為「龍門飛將」。孫氏兄弟本人作為文化家族的製造者與宋陳非但無明顯衝突，甚至兼具親緣和學緣上的淵源，這為宋恕借其號召力來統一明爭暗鬥的溫州士紳提供了可能性。士紳們基本都能接受劉紹寬對於孫衣言的定調：「吾鄉自太僕後，科第蟬聯而其，文風遠勝於前，不可謂非其倡導之功。至今新學盛行，而後進蔚起，尚能承其遺緒者，惟瑞安為最，則飲水思源，功何可沒也。」〔註120〕以這樣一個承上啟下的定位來安置孫衣言，此地域範圍內後起的諸紳也都有堅實的理由來參與到孫氏的家事來，為這位先驅者討個公道。是以宋恕也得到了士紳們的迅速反應：

> 承示盜發孫太僕墓壙，聆之怵然，保護維持，後死之責，分應署名公牘，嚴請緝追，以安鄉先達幽靈於地下也。〔註121〕

> 閣下此舉，誼同昭雪，鄙人於太僕亦忝弟子之列，聯合具稟，義無可辭！〔註122〕

> 大著立論正大，所見極是，俾熊塤附驥列名不朽，幸甚幸甚，敢不遵命。〔註123〕

此時溫州地域內士紳圈子裏的文化權力已經基本讓渡到宋恕等人手中，當其以用鄉賢鳴冤作為旗幟召集地方，儕輩都以影從之勢響應附和。更有士

〔註120〕劉紹寬：《籀園筆記》，蒼南縣政協文史資料委員會編《蒼南文史資料（第16輯）：劉紹寬專輯》，2001年，第365頁。

〔註121〕呂渭英：《覆函》，《宋恕卷》，邱濤編：《中國近代思想家文庫：宋恕卷》，北京：中國人民大學出版社，2014年，第540頁。

〔註122〕朱鵬：《與宋恕書（二）》，《朱鵬集》，北京：線裝書局，2009年，第220頁。

〔註123〕錢熊塤：《致宋恕函》，《東甌三先生集補編》，上海：上海社會科學院出版社，2005年，第298頁。

紳試圖以宋恕為核心集結為新的士紳圈子，編織以學術為鏈條的文化權力網絡。他們對宋恕加以吹捧，並期待他能像孫衣言借助永嘉學派一樣撐起可能出現的文化權力真空。

> 先生博古通今，而哲理之學更為空前絕後，名滿天下，天下之人莫不瞻仰風采。比來養望里廬，鵬敢有所請，願先生出其學以聚徒講道，於永嘉乾淳諸老之外別開一派，則鵬當亦追隨杖履，敬拜下風也。近日我甌斯文寥落甚矣！蟄廬、籀廎、鮮庵諸大師相繼逝世，介師奔走他想，劬勞學務……先生維持道統，當不以鵬言為謬也。〔註124〕

朱鵬的溢美態度，固然是對宋恕此時文化地位的佐證，但也可以視作對孫衣言模式的一種承認和超越，他們承認孫衣言對永嘉學派繼承的正統性，所以轉而希望宋恕能超越永嘉的藩籬，去當別開一派的宗師。對於這些後起的士紳來說，孫衣言的名字更適合出現在「紀念碑」上不朽，而「墳墓」則是他最好的安放之處，再不必打開了。

〔註124〕朱鵬：《與宋恕書（一）》，《朱鵬集》，北京：線裝書局，2009 年，第 218 頁。

結　論

一、清中後期士紳家族的選擇

　　在傳統中國社會中，儒學主導的學術文化與政治權力存在伴生關係，許多地方士紳精英迎合和利用「儒學－政權」的互動機制，在地方上身兼政治權力參與者和文化權力掌控者的二重身份，充分介入地方權力核心。有學者認為，目前的士紳研究「過於偏重士紳的政治角色，忽視了士紳的知識階層本質與相應的文化功能」。〔註1〕對於所謂「知識」是否是構成士紳身份的必備條件，目前仍有疑問。但是，對於許多兼具社會活動參與者與知識從業者二重角色的士紳來說，如何處理這兩種角色之間的關係是進行相關探討的重要問題。

　　士紳的二重角色不是互相孤立的，身為某一領域資深研究者的士紳在傳承推揚其研究傾向與研究風格時可能並非純然出於學術取向，而是有著更現實的目的。把這一思路帶入家族脈絡，亦可以窺探家族領導者的個人學術文化訴求與家族整體發展之間的關係。家族領導者在精心培育家族文化、塑造自身形象的過程中，把自己以家族形式寫入了地方的學術譜系。但他們依然沒有放棄對於政治權力的渴望，隨著學術文化名望一步步提升，他們希望家族後人能夠在文化家族光環的庇祐下從學術文化領域旁及到社會各方面，從而漸漸進入到地方政治權力格局的核心。

〔註1〕楊小輝：《傳統士紳與知識階層的近代轉型》，《學術界》，2007年第6期，第228～232頁。

　　清代前期，由於士紳家族生存與發展的外在環境相對穩定，士紳在地方
權力博弈中形成了相對固定的模式。如有學者所說「國家政權需要用血緣、
地緣為主的宗族、鄉族、紳族序列來維繫國家意志的貫徹」，士紳得以通過
自己的官方和民間影響施用於地方官府的領導者與執行者，掌握了比較穩
固的地方事務參與權。但出於「維持政權與鄉紳平衡」並防範「漢族民族主
義」、穩定地方秩序的目的，清政府一直「有意識地限制紳權的膨脹，不允
許鄉紳公開地干預地方政事」。在各種實際事務的進行中，儘管官紳難免勾
結或衝突，但在朝廷的引領下，大多地方還是保證了官紳結合的權力格局。
一些有地方影響力的家族也形成了與國家主流儒家文化導向相輔相成的家
族政治觀念體系：「既保持對國家的向心力，同時又顯示出相當的離立姿
態」。

　　清中後期，社會文化環境發生了急劇變化，外來力量的強勢侵入引發了
一系列不可預知的突發性連鎖反應，強烈動搖了已經形成慣性的官紳互動主
導的地方政治文化格局。首先是「儒學政治價值觀和倫理道德逐步失去了壟
斷地位，儒學政治社會化主要實施機制逐步被取代，儒學政治社會化的動力
機制最終被廢除」〔註2〕，儒學與地方權力的直接關係發生了斷裂。仍執著於
儒學的地方士紳在應時調整的同時，也在試圖拉近兩重身份越來越遠的距離。
其次，政府控制力的鬆動導致了民變與反叛的頻發，加之時常發生的自然災
害導致的饑荒，地方精英不得不因時制宜。這一時期在全國各地，長期較為
穩定的官紳互動模式發生了比較大的震盪，紳權在亂局中急劇膨脹，雙方的
矛盾浮出水面並被戰爭和衝突引爆〔註3〕。為了適應新形勢帶來的嚴峻挑戰，
士紳們需要從紛繁的時局中淬煉出有益於自身生存與發展的因素加以妥善利
用。前人的研究關注到晚清士紳（家庭）兩種較為明顯的變化，一是選擇在

〔註2〕祝天智：《論晚清儒學政治社會化危機》，《重慶社會科學》，2005 年第 1 期，
　　　　第 52～54、116 頁。
〔註3〕有關清末紳權膨脹並與「官權」產生激烈碰撞的研究，參見魏光奇《清末民
　　　　初地方自治下的「紳權」》（《河北學刊》，2005 年第 6 期，143～149），趙崔莉
　　　　《晚清傳統秩序崩潰和紳權擴張之淺見——光緒二十七年皖江水災與和州的
　　　　社會控制》（《清史研究》，2005 年第 2 期，第 99～103 頁），丁德昌《民初湖
　　　　南省憲自治研究》第五章第一節（上海：上海人民出版社，2011 年，第 184
　　　　～197 頁），許順富《湖南紳士與晚清政治變遷》第二章第二節（長沙：湖南
　　　　人民出版社，2004 年，第 94～110 頁），李世眾《晚清士紳與地方政治——以
　　　　溫州為中心的考察》（上海：上海人民出版社，2006 年）等。

變局中由士紳向紳商轉變，加入紳與商的對流和融合〔註4〕；另一種是隨著城市化，以及受太平天國之類的大型變亂的影響，士紳及其家庭在一定程度上脫離鄉邦，在上海之類的大都市重新集結〔註5〕。然而，與這些顯著的近代變化不同，大部分的士紳家族其實並沒有脫離故土，也沒有把家族發展的重心轉向工商業，他們仍然固守家鄉，在與地方官府和社會的博弈中，謀求家族發展。

　　如前文所述，瑞安孫氏的起家與科舉和官場上的成功有直接的關係。學界一直以來都有把是否獲取官府認可或與官府之間關係的親疏作為評判士紳資格的潛在標準〔註6〕。但這種標準顯得過於泛化，因此有學者進行了更細緻的劃分，有人將地方精英中「那些受過正統教育、而且關切治理國家（也可以說治理地方）的知識分子」一併稱作「正統精英」（official elites），無論他們擔任過官職與否〔註7〕。這類精英自覺地把自己作為地方自治的骨幹，同時卻不反對國家控制力的深入和強化〔註8〕，他們始終提醒著自己扮演的多重角色和身上背負的多項重擔。但不論是否具有官方職位，作為家庭成員的身份是與生俱來，也是大多數人無法割捨斷絕的。

　　就諸如瑞安孫氏之類憑藉科舉成功躋身於地方大族之列的後起家族而言，在履踐孫衣言、孫鏘鳴兄弟的個人政治理想的同時，實施家族規劃並及時根據時勢進行調整，無疑是必要的。當孫氏度過初入官場的適應期後，孫鏘鳴即利用太平天國及其牽動的大動盪主動回歸故鄉，把奉旨辦團的政治使命嵌入其與孫衣言的鄉邦規劃藍圖中。這一取徑貼合了曾國藩等人團練起家的範例，在戰火未波及到溫州期間展示出了表面上的有效性。借助團練、捐

〔註4〕　參見邱捷《清末文獻中的廣東「紳商」》（《歷史研究》，2001年第1期，159～147、191頁）。

〔註5〕　參見 Mary Backus Rankin. Elite activism and political transformation in China: Zhejiang Province, 1865-1911. Stanford University Press, 1986.

〔註6〕　如費孝通即徑稱「紳士是退任的官僚或是官僚的親親戚戚。」（《鄉土中國》，上海：上海人民出版社，2006年，第86頁）王先明則把是否獲得「封建社會法律所認可的身份、功名、頂戴」作為可否算入紳士階層的依據（《近代紳士——一個封建階層的歷史命運》，天津：天津人民出版社，1988年，第6～10頁）。

〔註7〕　王笛：《羅威廉〈救世：陳宏謀與十八世紀中國的精英意識〉》，《歷史研究》，2002年第1期，第183～185頁。

〔註8〕　參見（美）羅威廉《救世：陳宏謀與十八世紀中國的精英意識》（北京：人民大學出版社，2016年）。

輸等官方職責，孫氏得以深度介入地方政局，不僅地方士紳不敢輕易違抗，連地方官府也得在其面前做出一定妥協。

這種家族經營方式可充分利用時局緊張這一歷史環境，使家族領導人及其親近者能夠迅速滲透入地方軍事、經濟、文化事務，並且把家族實力的提升與地方的管理扭結在一起。但與地方政治、軍事過於緊密的關係也讓他們必須承擔著可能身死族滅的風險。如蘇州士紳蔣嘉棫在外仕官，兄蔣映杓時為從九品銜在籍辦團，當太平天國攻蘇之際，映杓率侄天申、天保糾團禦敵，滿門身死〔註9〕。然而當時大多士紳家族尤其後起的士紳家族仍積極投身於其中，低估了經營鄉團的風險。有學者用家族集合的方式來看待淮軍的形成與壯大，認為其主體的前身即「廬州合肥東鄉李文安、李鴻章父子李氏家族，合肥西鄉三山周公山張蔭谷、張樹聲父子張氏家族；大潛山劉銘傳劉氏家族；紫蓬山周盛華、周盛傳、周盛波兄弟周氏家族以及三河潘璞、潘鼎新父子為首的皖中團練」〔註10〕。他們中不乏就本鄉營修圩寨、就本族為基本成員，從而逐漸提升實力、擴大輻射範圍的案例。部分建寨團練視圩寨為自屬，其優先保存鄉族的訴求甚至在所謂「忠君愛國」的政治立場之上。而這一傾向不僅在於淮湘，也普遍存在於當時〔註11〕，並得到曾國藩等高級官員感同身受般的理解。〔註12〕

但是，包括瑞安孫氏在內的很多士紳家族最終未能在這條道路上複製曾

〔註9〕 （清）曾國藩：《蔣映杓等殉難請恤片》，《曾國藩全集》第8冊，長沙：嶽麓書社，2011年，第55頁。

〔註10〕毛立平：《十九世紀中期安徽基層社會的宗族勢力——以捻軍、淮軍為中心》，《清史研究》，2001年，第4期，第14～23頁。

〔註11〕關於全國各地清後期團練與家族的結合，參見何文平《清末地方軍事化中的國家與社會——以廣東團練為例》（《學術研究》，2009年第9期，第114～121、160頁。），許楓葉《地方軍事化中的國家與社會——以「團練」言說為中心的考察》（《西南民族大學學報（人文社會科學版）》，2017年第3期，第235～240頁），陳尚敏《近代社會轉型與甘肅士紳》第二章第一節（西北師範大學博士學位論文，2007年，第57～66頁），曹雷《汪山土庫程氏家族與基層社會管理研究》第六章第二節（南昌大學碩士學位論文，2014年，第93～95頁）等。

〔註12〕曾國藩曾語「為瞿建有賂賊求免之事，大抵迫於無可如何，今欲辦堅壁清野之法，必須官民一氣，分別良莠，乃為有益」，考察其意，實傾向辦團士民，暗責地方官。因曾氏見解對孫氏影響重大，特稍作說明。（《復王筱泉廉訪》，（清）李瀚章編《曾文正公書札》卷二十九，清光緒二年（1876）傳忠書局刻增修本）。

國藩、李鴻章的成功。這也是一些家族最終調整發展策略的直接原因。孫氏家族史單薄，縱向看祖上缺乏能給後輩帶來蔭蔽的功名與門第，橫向看與地方大族的聯姻也不夠緊密豐富，這讓孫衣言兄弟這對某種程度上的第一代領導者在選擇家族發展路徑時缺乏根基。對比同時代的蘇州潘氏，前有潘世恩、後有潘祖蔭在朝中身居要位，其他家族成員也發揮家族的整體優勢，在地方上發揮輻射力。潘氏家族成員不僅可以同樣興辦團練、參與中西會防局，還能主持義莊、義倉等公益組織，甚至直接發起各方勢力推動晚清江南的減賦運動，而且各司其職，互相配合〔註13〕。這一取徑要求家族在地方上有足夠時間的累積，家族成員有一定影響力的人員數量足以保證他們能夠各自參與地方事務，家族背景的深厚堅實也可以使他們不致因某一方面的受挫而元氣大傷。

孫氏家族先世在功名上乏善可陳，不能為孫氏兄弟的崛起鞏固基礎。更嚴重的是，孫氏家族各支之間關係相對疏遠，孫衣言以上的三代單傳加劇了這一情況。孫希曾本人也選擇了獨居的方式，與家族其他各支保有一定距離。這一情況給孫衣言兄弟以後的家族發展策略制定帶來了相當大的阻力。即使孫衣言兄弟憑藉科舉成名於鄉，他們依然難以在與地方其他勢力展開博弈時對其他孫姓族人形成足夠強大的向心力。在孫鏘鳴經營鄉團時，團防局裏的核心人員基本都是孫氏兄弟同學友好，孫氏族人沒有直接參與。孫氏在孫坑用來實踐鄉族構建理想的安義堡在面臨存亡危險之際反而遭到了族人的背叛，暗布了大量裂痕的家族關係不僅為孫氏團練的失敗埋下了隱患，更是在一定程度上導致了孫氏鄉居舊宅的直接覆滅。

因為多數勠力團練的家族多與孫氏境況類似，缺乏足以倚恃的根基讓他們渴望借助亂局迅速在地方權力格局中佔據一席之地。所以，這些受曾國藩的成功感召而投入團練卻慘遭重創的其他家族也面臨類似的問題，被瑞安孫氏引為同病相憐的壽州孫氏即為顯例。在「苗練事件」中，孫家泰身死家滅，還被加以擅殺致亂的惡名。壽州孫氏家族與苗沛霖之間的個人矛盾也被一些學者作為苗氏報私仇而發動兵變的證據〔註14〕。此事之後，壽州孫氏族眾被殺者達一百餘人，可謂損失慘重。孫家鼐、孫傳鼎、孫多鑫等幸存者轉而把

〔註13〕參見徐茂明《國家與地方關係中的士紳家族——以晚清江南減賦為中心》（《蘇州大學學報（哲學社會科學版）》，2007年第4期，第108~114頁）。
〔註14〕參見江地《捻軍史研究與調查》（濟南：齊魯書社，1985年，第189頁）。

精力投入了實業上，於 19 世紀末興辦了上海阜豐麵粉廠這一家族企業，在孫家鼎官方職權的庇祐下形成了向紳商家族的轉型〔註 15〕。之所以能實現這種轉變，也是依賴遭受重創後傷而不死的家族整體力量的支持。特別是孫多鑫等人身兼官、紳、商三重身份，在避免介入政治乃至軍事問題的前提下，充分利用了孫家鼎們的蔭蔽，對家族的轉向提供了保障。這也是瑞安孫氏無法傚仿的。

相比於偏重經營企業的壽州孫氏，瑞安孫氏則選擇了另一條道路。孫衣言兄弟還是篤信傳統文化對於家族的價值，並試圖充實單薄的家族文化。由此便開始了改造自身及家族形象的道路。儘管孫詒讓也試圖在父輩的基礎上予以開拓，利用清晚期「朝廷對基層社會的控制力與清初相比更加趨於薄弱」〔註 16〕，把重心向社會文教事業偏移，甚至開始嘗試經營廠礦。但在當地人士乃至後輩的追溯與紀念下，瑞安孫氏家族還是以文化家族的形象嵌入地方記憶。

二、「文化家族」形象的塑造與固化

明清時期，一些士紳家族利用文化學術謀求生存與發展空間的模式漸趨穩定，有學者認為是「家族這一載體將文學資源整合後的噴發式增長」〔註 17〕。實際上，家族不僅是文學資源的載體，對於家族的領導者來說，包括文學在內的各種學術文化資源也是家族提升社會地位和固化自我形象的有效途徑。瑞安孫氏在完成自我形塑的同時，也同樣沒有放鬆對這一形象的推廣。

對於清中前期的很多家族來說，科舉是使之短時間內改變自身地位的唯一途徑。以康雍乾時期煊赫一時的桐城張氏家族為例，張英、張廷瓚、張廷玉、張廷璐等人陸續通過功名進入仕途，保證了他們可以以群體性優勢坐實科舉世家的身份，從而通過「科舉教育、與名門望族聯姻以及通過門生關係結成龐大的政治利益集團」〔註 18〕等手段鞏固自身形象與地位，獲得普遍認

〔註 15〕參見楊涂《壽州孫氏家族與阜豐麵粉廠》（《安徽史學》，1996 年第 1 期，第 83 頁）。

〔註 16〕修朋月、寧波：《清代社會鄉紳勢力對基層社會控制的加強》，《北方論叢》，2003 年第 1 期，第 43～47 頁。

〔註 17〕李菁、李時人：《明清文化家族生成機制析論──以嘉興為例》，《華僑大學學報（哲學社會科學版）》2017 年第 3 期，第 119～131 頁。

〔註 18〕崔來廷《清代甲科世家析論──以桐城張氏為例》，《湖北第二師範學院學報》，2011 年第 10 期，第 63～69 頁。

可。即使不以科舉知名的文學家族如山東諸城丁氏，也是通過丁惟寧等在地方上的任職建立人際網絡，進而參與方志、城堞等公共事業而起於地方，並在其子丁耀亢的文學造詣、人際交往、社會活動等過程中逐漸形成了被人接受的世家形象〔註 19〕。由於有根基深厚的家族背景和豐足富裕的族產作為保障，這一時期的家族可以在長期的穩定環境下形成緊密的交織錯綜的世家網絡，為家族提供類似「長期集體保障計劃」（long-term collective insurance scheme）〔註 20〕的堅實後盾。

一些後起於晚清的士紳家族則難以通過類似的取徑達到類似目的。瑞安孫氏在孫衣言兄弟科舉成功後，並未得到充分的發展空間和人員基礎投入到地方事務中，他們因為在金錢會事件前後面對時局的認識和各方面關係處理出現重大失誤，以致幾乎遭到滅頂之災。金錢會事後，孫衣言為官在外，孫鏘鳴被勒令休致，孫家不但難以立刻重返地方權力格局的核心，而且背負著在一部分鄉紳間得到普遍認同的「致亂」惡名。在這一時間段，孫衣言兄弟的主要工作內容發生了比較劇烈的偏轉。

孫衣言兄弟本不以學術著稱，賴以成名的是孫衣言作為文士的文采斐然與孫鏘鳴作為言官的直言敢諫。考察二孫的學術來源與積累，他們對於鄉學的接觸也不算早，也無明確證據可證明二人早期對於鄉學有過系統專門的積累，他們所刻意留心的鄉邦文獻與賢達均屬在地方社會相對被忽略的文化元素，而有學者指出：「文化權力的行使是通過對文化元素的改造及運用實現的〔註 21〕」。瑞安孫氏家族在孫衣言的積極努力下把永嘉學派這種被認為隱沒於當世的文化元素進行了改造與運用，為鄉學刻上了家族化的印記。憑藉多年的經營，終於在鄉邦人士間形成了永嘉學派繼承者與代言人的印象。這是多年來孫氏家族有計劃、有次序的工作得到的成果。

換言之，對於瑞安孫氏這樣根柢不深的家族，如果冀圖在家族發展與文化學術間建立聯繫，就必須以構建家族核心人物與學術文化的關係作為家族

〔註 19〕參見周瀟《明清諸城丁氏文學成就述要》(《東方論壇》2012 年第 3 期，第 102～108 頁)。

〔註 20〕Hilary J. Beattie, *Land and Lineage in China: a Study of T'ung-Ch'ung Country, Anhwei, in the Ming and Ch'ing Dynasties*. Cambridge University Press, 1973, pp.126-129.

〔註 21〕劉鍾華、朝克：《權力體系內的文化——文化權力的再認識》，《東嶽論叢》，2012 年第 5 期，第 180～183 頁。

形象建構的起點與基點。為了達到這個目的，孫衣言兄弟選擇了鄉學作為可資利用的對象。如有學者所說，「中國思想在傳統宗法社會組織中存有，在家學、姻親、鄉學、書院等近親土壤中傳播和發展」〔註22〕，這造成了中國學術文化的承續具有很強的倫理性。這保證了學術文化既可以沿著純粹的學術理路演進，也可以經由血緣、地緣的天然紐帶維繫傳承。因為誼屬同鄉，所以孫衣言等可以自然地承擔起為近及孫希旦、遠至永嘉學派諸儒的鄉先輩們承繼香火的自賦使命。通過強調鄉學傳統的難以為繼與地方學脈的長期空白，孫衣言兄弟為推廣鄉學的行為找到了具有緊迫性與必要性的理由，並一步步從個人行為向家族行為邁進。

與清代其他學術色彩濃重的家族做一比較的話，不管是文學上的桐城姚氏，還是經學上的蘇州惠氏、常州莊氏、寶應劉氏，他們的所謂家學淵源都因核心人物的學術造詣和家族血緣的天然性而具有說服力，具有相當程度的開宗立派成分。隨著家族的繁衍，一部分族眾會與父祖的學術領域和風格發生偏移，但在地方人士的眼中，這一家族仍然以集體形象植入地方文化記憶。如以曲學著稱的吳江沈氏，便是以沈璟的曲學研究為家族文化的根源與生長點，由沈自晉、沈自徵等人加以闡揚，使其家族文化的外延不斷擴張，從曲學旁及到沈永令、沈時棟的詩詞創作，進而連家族中的女性也以創作者和繼承者的形式參與其中〔註23〕。具體成員的取向與偏好並沒有改變家族整體的文化形象，反而起到了加固的作用。

孫氏兄弟沒有穩定的外部環境和堅實的宗族制度作為保障，只能選擇通過嫁接歷史上已有但相對沒落的地緣學派來完成一個關乎家族發展的任務——鄉學家學化和地方學術文化代言權的獲取。以強調鄉學的後繼乏力和長期空白為第一步，孫氏家族對地方文獻的大規模搜羅、整理與出版工作。借助叢書編纂這個平臺，士紳得以以家族整體的形式結成與地方文獻的聯繫，並可以充分發動各種人脈資源，織就文獻網絡，形成輻射力。由於編纂《永嘉叢書》和《甌海軼聞》等有相當量的文獻需求，孫衣言得以調動包括友好、門生、同僚在內的各類人際關係，培育與夯實以自己為中心節點的書籍往還網

〔註22〕曾軍：《論中國思想譜系的倫理性特徵》，《孔子研究》，2015 年第 1 期，第 19 ～25 頁。

〔註23〕參見郝麗霞《吳江沈氏文學世家研究》（華東師範大學博士學位論文，2004 年）。

絡〔註24〕。這並不是瑞安孫氏一家的個例，比如被認為是晚清四大藏書家之一的杭州八千卷樓丁丙、丁申兄弟，便長期把具有封閉性和私有性的個人藏書作為擴大家族文化影響的有力工具，與其他藏書名家維持著長期的書籍交往〔註25〕。而同屬浙江的金華人胡鳳丹也與孫衣言在藏書和理念上互通有無，並把這種觀念貫徹到了家族經營中，從而與其子胡宗懋連續兩代把《金華叢書》的編輯作為重要事業〔註26〕，某種程度上也是一種鄉邦文獻活動的家族化工程。

　　由於缺乏對永嘉學術系統性的深入研究和獨創論斷，孫氏兄弟對永嘉學派的判斷基本沿用了前人的說法，並集中在《甌海軼聞》的選材和編輯中得到體現。儘管如此，孫衣言還是憑藉對地方文獻的大量工作和對永嘉學派學術地位的推崇，贏得了存亡續斷的共識性認可。孫衣言個人與永嘉學派的關係逐漸建立並鞏固起來。以孫衣言及孫鏘鳴個人作為永嘉學派繼承者和該領域權威身份的逐漸建立為前提，瑞安孫氏同時試圖把鄉學學脈內置，與家族血脈相融合。孫希旦這個文化符號的使用是其中的關鍵。以他為串聯血緣、學緣、地緣的鎖鏈，孫氏從游離於地方學術網絡的後起家族，自然地進入地方學術核心，成為新的地方文化權威。至孫衣言老年，以他為核心的孫氏家族多年來的努力已初見成效，他本人也被公認為重倡永嘉的領導人物。身為其子的孫詒讓個人學術成就更甚其父，對鄉學的投入度雖遜於孫衣言，但由於他在文獻學上的卓然成就以及對地方文獻也有頗多留意，他依然可以維繫家族與鄉邦學術傳統帶有繼承色彩的關聯。

　　然而，文化家族的塑造與構建經由兩個維度進行，除了用大刀闊斧的文獻工程向鄉邦與學界求取地緣與學緣層面的認可，孫氏家族也在通過向內的家族建設措施逐步鞏固鄉學家學化的果實。統而言之，孫氏家族文化的建設主要包括以下方面：家族史的梳理、族規的制定、家塾教育的推行以及玉海樓藏書的建設和管理。相較於叢書編纂與在各種場合對鄉賢鄉學的崇揚，這些措施更側重於對家族內部予以約束，以保障縱向的傳承，使家族內部對某

〔註24〕參見凌一鳴《晚清士人的書籍往還網絡建構與地方文化權威的樹立——以瑞安孫氏為例》（《圖書館論壇》，2017 年第 8 期，第 64～70、16 頁）。

〔註25〕參見石祥《晚清藏書家丁丙與壽松堂孫氏交遊考》（《圖書情報工作》2011 年增刊，第 335～337、319 頁）。

〔註26〕參見施新《胡宗懋輯刻金華鄉邦文獻考述》（《浙江社會科學》，2010 年第 12 期，第 95～99、17 頁）。

種學術文化傾向形成認可，並使其內化。其中，家族史的梳理和族規的制定是針對家族薄弱且相對孤立的歷史而展開的，家塾教育則是為了保證家族經由科舉獲得的榮光與聲名能夠代代傳承下去。

這在當時也屬於比較常見的做法，以德清俞氏為例。德清俞氏與瑞安孫氏基本同時，兩個家族的核心人物孫衣言與俞樾誼屬同年、性格投契，保持了終身性的友好交往。與孫衣言不同，俞樾早早離開官場，餘生專心學術，兼及藝文，成就聲名遠過於孫衣言。其對家族前途的籌劃，及其與孫氏的異同，也頗值關注。德清俞氏在當時亦非大族，家族積澱只是稍優於孫氏。俞樾的祖父俞廷鑣為乾隆甲寅恩科副榜，父俞鴻漸為嘉慶丙子舉人，而上可考者也寥寥可數。家族史的單薄，讓俞樾與孫衣言發出同樣的感慨：「族微無譜牒，家寒但農圃。自吾高祖來。歷歷始可數。其前竟闕如，名字莫能舉」〔註27〕。因此，對於俞樾與孫衣言這樣憑藉科舉幫助家族提升地位的「微族」成員來說，沒有族譜是令他們耿耿於懷的心病。因此他們在修建族譜的同時，寄望於通過高質量的家族教育來薰化子孫，指望通過延續科舉上的成功來改善後起家族根基淺薄的弱勢。但相較於孫衣言，早早遠離官場、以執教書院為生的俞樾及其家庭長期寓居蘇杭等地，很大程度上已經脫離了地方語境，不需要像劫後餘生的孫衣言兄弟一樣面對金錢會事後的複雜局勢。因此，俞樾的家族教育方式相比於瑞安孫氏更顯封閉且純粹。

與之類似，更多士紳家族教育，更多重視的還是對族中晚輩子弟學術興趣的引導作用和對家族學術風格的塑造作用，如長沙程氏一直秉承著程頌萬「重視基礎、批評與考據相結合、兼採唐宋且精於宋調」等治學取向與選擇〔註28〕。而隨著變局的深化，士紳家族的子孫有意迎合時代的需求，在家族教育中補充所謂「實學」、「新學」的元素，如儀徵劉氏從通經致用到援古經世，在維繫「家學」和文化家族符號化形象的同時，盡其所能地突出自我特色與趨新傾向。〔註29〕瑞安孫氏也不外於是，孫詒讓等孫氏後人在貼合孫衣言圍繞永嘉學派所進行的建構、維持日趨穩定的文化家族形象的同時，也在

〔註27〕（清）俞樾：《新昌俞氏有名煥斗字五峰者過蘇來訪因得見其家譜敬紀以詩》，《春在堂詩編・丁戊編》清光緒二十五年（1899）刻《春在堂叢書》本。

〔註28〕印興波：《家學淵源與學術傳承——從程頌萬到程千帆》，《南京大學學報（哲學人文科學社會科學版）》，2010年第4期，第135～140頁。

〔註29〕參見郭院林《從『以禮治左』到『援古經世』——清代儀徵劉氏〈左傳〉家學研究》（北京大學博士學位論文，2007年，第47～58頁）。

試圖融入一些時興的文化符號，以便更多、更廣泛地介入地方事務。這從孫
詒讓《周禮政要》的出版以及對各式文化學術新風的熱衷可見一斑。這一時
期士紳家族的內部教育是在秉持原先明清士紳家族訓誡「以儒家思想為內核」
〔註30〕的基礎上做了一些更應時的實用性調整。

　　士紳家族在有目的地培養有特點的家學，塑造文化家族形象的同時，也
都沒有忽視對科考的重視。科舉帶給他們的聲名和地位是一些弱勢家族崛起
的最大資本，他們在家族教育中也在試圖延續並最大化這一資本的潛在力量。
俞樾雖在仕途終結之後對自己的官場生涯作出不甚介意之姿，但卻花費大量
時間在培養兒孫科考技能之上。他專為孫子俞陛雲編寫了教材《曲園課孫草》，
自序曰「孫兒陛雲，年寖長矣，思教之為時文之法，而坊間所行《啟悟集》、
《能與集》之類，不可盡讀。因作二十篇以示之」〔註31〕。參考孫衣言在《詒
善祠塾課約》對讀時文的格外關注，可以看出以科舉揚名者都把維繫「科舉
專家」的身份作為充實家族文化底蘊的前提。強調自己對於科舉技巧的掌握
能夠提升文化家族的說服力和輻射力。

　　詒善祠塾的教育對象不僅孫氏族眾，孫衣言在《規約》裏一再強調的眾
多規矩方法也是不單單指向家族子弟，而是希望對地方的學風產生影響，會
有更多的詒善祠塾弟子能夠參與到地方文化乃至政治權力的角逐中，從而使
孫氏家族的輻射力從文化範圍擴張到地方社會的方方面面。

三、地方文化「紀念碑」的構建

　　孫衣言之類的士紳家族領導者，之所以選擇構建文化家族這條需要更多
時間的發展路徑，其動機不僅是迫於經營團練、涉足地方政局的失敗，更是
基於建立文化權威對獲取其他權力的助益。成為地方文化權威並不是孫氏之
類家族的最終目的，他們仍寄望於通過學術文化這條曲徑繞回地方文化舞臺
的中央，介入地方事務。因此，他們佔據對鄉學的倡導與闡釋權，推動鄉學
家學化，也是強化家族本身與地方學術的關係，最終把家族史嵌入地方學術
文化的發展軌跡。

　　為了達到目的，除了在抽象的學術文化層面建構「文化家族」形象，士

〔註30〕 王瑜：《明清士紳家訓研究》，華中師範大學博士學位論文，2007 年，第 208
　　　　頁。
〔註31〕 （清）俞樾：《曲園課孫草》，清光緒八年（1882）年刻本。

紳家族更需要用實體存在來實現這一形象的具象化。私塾和藏書樓可以看作家族文化的實體化，傳統以來對非本族人士保持著疏離隔絕的態度。這使得文化家族在保有縱向傳承的同時，對地方士民呈現出「可望而不可即」的姿態。諸如范氏天一閣之類，通過嚴格的規約條例對書籍的保藏與流通予以限制。這樣的方式可以保證給藏書以最專業的保護，也透露了家族文化的神聖性和神秘性，暗示了家族對於大規模的知識實體具有獨佔性，某種角度上也可以視作對所有權甚至壟斷權的宣示。

玉海樓的情況則同中有異，孫氏大多數的圖籍都由孫衣言父子親自搜求，而非來自祖輩的代代相因。孫衣言得以根據家族策略自行制定藏書、讀書的規範，而無需接受某些既定規矩的約束。與《詒善祠塾規約》類似，玉海樓的規約更多的是要求以族眾為主體的受眾按照孫衣言的理想方法論讀書學習。是把個人和家族性的閱讀體驗與求學經驗融匯成可供分享和推廣的教育理念，並植入其他地方人士的實踐中。

在孫氏後人逐漸退出地方權力和文化的核心之後，這些建築和機構繼續被建構為孫氏家族文化的紀念碑。據有學者的論述，「一座有功能的紀念碑，不管它的形狀和質地如何，總要承擔保存記憶、構造歷史的功能」〔註32〕。作為家族文化的紀念碑，玉海樓和詒善祠塾的存在意義不僅是記錄與形塑歷史，它們還需要對地方受眾的身份進行甄別和認證。除了「建築自身的工具意義」〔註33〕，其象徵意義同樣被建造者與使用者所重視。正如梅爾清在清初揚州的研究中所發現的，具有紀念碑意義的建築實際上是在地方範圍內構造群體身份〔註34〕。後輩士紳在接受孫氏提供的知識及教育資源的同時，也承認了孫氏的文化地位和文化理念。也就是說，玉海樓與詒善祠塾作為文化紀念碑對地方士紳進行了人群劃分。所謂「非詒善祠塾，即求志社」就是這種劃分在地方人士印象中的成果。認同孫氏的士紳人群以參與者的身份主動輔助孫詒讓，以孫氏門徒、太僕弟子的角色與孫氏站在了同一戰線，保障了孫詒讓以同門同學作為開展自己鄉邦活動的後盾。

相比而言，同時期的家族並非都如孫衣言兄弟父子一樣堅守對儒家文化

〔註32〕（美）巫鴻著，李清泉、鄭岩等譯：《中國古代藝術與建築中的「紀念碑性」》，上海：上海人民出版社，2008年，第5頁。

〔註33〕李嘉瑜：《元代上京紀行詩的空間書寫》，臺北：里仁書局，2014年，第84頁。

〔註34〕參見（美）梅爾清著，朱修春譯《清初揚州文化》（上海：復旦大學出版社，2004年）。

的篤信，而選擇非傳統的方式構建家族形象。以同樣在戰亂後做出重大調整的壽州孫氏家族為例，在孫家鼐之侄孫傳樾等人的活躍下，家族的整體形象側重點從官宦向商界偏移，被後輩認為「辦理實業傳之家庭者，首推壽州孫氏」〔註35〕。相比於逐浪潮頭、投身實業的壽州孫氏，瑞安孫氏還是沿著父輩規劃的文教之路前行。隨著時代的變遷，包括孫詒讓等孫氏後人在內的後輩士紳知識分子也在一定範圍內做著調整，他們並沒有繼續以永嘉學派這個文化元素與文化符號為核心線索展開文化乃至社會活動，孫詒讓積極倡導的「周官救國」，一方面是利用自己的經學特長以及由此建立的聲望，一方面是迎合盛宣懷等上官的喜好，離孫衣言所奠定的家學演進方向漸行漸遠。因此，雖然孫詒讓的個人成就保障了瑞安孫氏的家族設施作為鄉邦文化符號繼續得到鄉里士紳的普遍認可，「孫氏門人」甚至成為士紳內部區分彼此的身份認同，但是孫氏後人對這些家族紀念符號的把控權卻逐步旁落。

　　人員的陸續亡故，也使瑞安孫氏根基單薄的先天劣勢再度暴露。儘管族譜的修纂、族規的修訂乃至孫詒讓與孫坑同族的合作辦礦在一定程度上拉近了孫氏各支之間的關係，但是包括孫衣言、孫鏘鳴、孫詒讓在內的孫希曾一支成員定居城裏，並在刻意保持與鄉居各孫姓族人的距離。這雖然是為了避免重蹈金錢會事件中一味追求闔族共居的覆轍，卻使得孫衣言兄弟一支在宗族上依然是鬆散的，在人員上也仍然難以形成集體優勢與合力。

　　孫氏自身的後續力不足逐漸暴露，讓宋恕、項崧等年輩資歷晚於孫衣言兄弟又與其有師承關係的士紳有了從地緣和學緣上接續其文化權威的可能性。紀念碑和紀念活動可以保存，但是主祭權卻從孫氏自己手中讓渡到了後起士紳手裏。在新的地方權力博弈與爭奪中，以項崧等所謂大族子弟，陳虬、陳黻宸等布衣士紳，以及宋恕之類與雙方都關係緊密的士紳成為了地方權力舞臺的主角。孫氏子弟在保持跟跑狀態的同時，卻目睹著他們父輩所塑造的個人和家族形象本身成為了地方文化紀念碑，甚至是地方權力博弈中的緩衝器和潤滑劑。

　　光緒三十一年（1905）科舉制度廢除，隨著這一「傳統社會的社會和政治動力的樞紐」〔註36〕、「維繫社會精英與政治精英相互依存關係的紐帶」、

〔註35〕中國社會科學院近代史研究所中華民國史研究室編：《胡適來往書信選》，北京：社會科學文獻出版社，2013年，第652頁。

〔註36〕（美）羅茲曼主編；國家社會科學基金「比較現代化」課題組譯：《中國的現代化》，南京：江蘇人民出版社，2014年，第229頁。

「維繫社會各階層對君主、儒家意識形態和國家精英相互依存關係的紐帶」〔註37〕驟然廢止，包括瑞安孫氏在內的後起科舉家族賴以成名的科舉光環隨之徹底消失，孫衣言父子所信賴的儒家秩序再難重回主導位置。更有財力物力投入地方公共事業的士紳和思想行為更為適時的知識分子，可以更為順暢地擺脫科舉枷鎖在地方競爭中施展身手。

後期的士紳儘管派系各異，立場上有所分歧乃至對立，但他們都承認孫氏家族作為歷史文化標的對於地方文化記憶的意義。紀念孫衣言乃至剛剛離世的孫詒讓，把他們奉入地方的歷史「名人堂」，實際上就是在推動士紳權力的代際更替。隨著「吾師太僕」作為文化符號被地方士紳一致接受，孫氏家族這座紀念碑對地方士紳群體所起的黏合作用超過了甄別作用。這抬升了孫氏家族成員的歷史地位和象徵意義，卻降低了孫氏後人的繼承性，消弭了他們的現實權力。換句話說，用地緣性取代了血緣性。

儘管宋恕等人仍不時申明鄉學鄉賢對於後世的意義，後輩士紳也承認從永嘉學派到孫氏家族的鄉學譜系，但他們更主要的目的是爭取同鄉同輩的理解，尋求各方矛盾中的緩衝區域。在這種情況下，時間尚近並還有直系血緣後人傳承的孫氏被請入地方歷史文化的「名人堂」。正如永嘉學派諸儒曾被孫衣言作為歷史記憶予以追溯一樣，對鄉賢的追慕是「追溯逝去的遠古時空概念」〔註38〕，並從中提煉、宣示當下的訴求。孫衣言及其家族在進入地方歷史的「名人堂」之後，也就基本進入失語狀態，切斷了與當前時代的直接聯繫，成為地方文化權力的新一代掌控者和爭奪者們達到某種目的的符號工具。伴隨著孫氏文化地位根深蒂固的，卻是他們難以以士紳身份染指地方政治權力的事實。以孫詒讓為代表的孫氏後人雖然從父輩手中繼承了地方事務的參與權，但卻漸漸地被迫把地方文化的推廣與引導權讓渡給行為更為應時的後起地方士紳，而仍在衍生的孫氏家族最終無法實現由文化權力介入地方實際權力的計劃，而是逐步地淪為地方士紳中的普通一員。他們從文化現象的塑造者轉變為了被建構和塑造的對象。

〔註37〕蕭功秦：《危機中的變革：清末政治中的激進與保守》，廣州：廣東人民出版社，2011年，第249頁。

〔註38〕楊念群：《儒學地域化的近代形態──三大知識群體互動的比較研究》，上海：生活·讀書·新知三聯書店，1997年，第348頁。

參考文獻

一、古籍與史料彙編

1. （漢）班固：《漢書》，北京：中華書局，1962 年。

2. （漢）司馬遷：《史記》，北京：中華書局，2013 年。

3. （唐）陸龜蒙：《笠澤叢書》，清雍正九年（1731）刻本。

4. （宋）晁公武：《昭德先生郡齋讀書志》，上海：商務印書館，1937 年。

5. （宋）陳傅良撰，周夢江點校：《陳傅良文集》，杭州：浙江大學出版社，1999 年。

6. （宋）陳振孫：《直齋書錄解題》，北京：中華書局，1985 年。

7. （宋）范仲淹：《褒賢祠記》，《范文正公集》，臺北：臺灣商務印書館，1978 年。

8. （宋）呂祖謙：《呂東萊文集》，北京：中華書局，1985 年。

9. （宋）王明清撰，田松青校點：《揮麈錄》，上海：上海古籍出版社，2012 年。

10. （宋）謝枋得：《文章軌範》，文淵閣《四庫全書》本。

11. （宋）葉適撰，劉公純，王孝魚，李哲夫點校：《葉適集》，北京：中華書局，2010 年。

12. （宋）袁褧、（宋）周輝撰，尚成、秦克校點：《楓窗小牘 清波雜志》，上海：上海古籍出版社，2012 年。

13. （宋）張載撰，章錫琛點校《張載集》，北京：中華書局，1978 年。

14. （宋）周密撰，張茂鵬點校：《齊東野語》，北京：中華書局，1983 年。

15. （宋）朱熹撰，朱傑人、嚴佐之、劉永翔主編：《朱子全書》，上海：上海古籍出版社，2002 年。

16. （宋）朱熹撰，（宋）黎靖德編：《朱子語類》，北京：中華書局，1986 年。

17. （元）柳貫撰，柳遵傑點校：《柳貫詩文集》，杭州：浙江古籍出版社，2004 年。

18. （元）蘇天爵撰，陳高華、孟繁清點校：《滋溪文稿》，北京：中華書局，1997 年。

19. （元）脫脫撰，劉浦江標點：《宋史》，長春：吉林人民出版社，1995 年。

20. （元）王惲、（元）楊瑀撰，楊曉春、余大鈞點校：《玉堂嘉話‧山居新語》，北京：中華書局，2007 年。

21. （元）虞集：《道園學古錄》，上海：商務印書館，1937 年。

22. （明）黃宗羲：《黃宗羲全集》，杭州：浙江古籍出版社，2012 年。

23. （明）黃宗羲、（清）全祖望：《宋元學案》，北京：中華書局，1986 年。

24. （明）何良俊撰，李劍雄校點：《四友齋叢說》，上海：上海古籍出版社，2012 年。

25. （明）姜准撰，蔡克驕點校：《岐海瑣談》，上海：上海社會科學院出版社，2002 年。

26. （明）劉方譽、（明）林繼恒等修，（明）王光蘊等纂：《（萬曆）溫州府志》，明萬曆三十三年（1605）刻本。

27. （明）祁承㸁等：《澹生堂藏書約（外八種）》，上海：上海古籍出版社，2005 年。

28. （明）宋濂：《元史》，北京：中華書局，1976 年。

29. （明）唐順之：《荊川集》，《四部叢刊》影明本。

30. （明）王朝佐、（明）鄭思恭、（清）童煜撰，周幹校注：《東嘉先哲錄（外兩種）》，上海：上海社會科學院出版社，2005 年。

31. （明）王叔杲撰，張憲文校注：《王叔杲集》，上海：上海社會科學院出版社，2005 年。

32. （明）王褘：《王忠文公集》，北京：中華書局，1985 年。

33. （明）王瓚、（明）蔡芳編纂，胡珠生校注：《（弘治）溫州府志》，上海：

上海社會科學院出版社，2006 年。

34. （明）項喬撰，方長山、魏得良點校：《項喬集》，上海：上海社會科學院
出版社，2006 年。

35. （明）葉子奇撰，吳東昆注《草木子（外三種）》，上海：上海古籍出版
社，2012 年。

36. （清）董毓琦：《試造氣行輪船始末》，清光緒間《星算補遺》本。

37. （清）杜文瀾輯，周紹良整理：《古謠諺》，北京：中華書局，1958 年。

38. （清）費念慈：《致胡蓉村書》，原件藏於溫州市博物館。

39. （清）葛士濬輯：《皇朝經世文續編》，清光緒十四年（1888）刻本。

40. （清）桂良等編：《清文宗實錄》，清大紅綾本。

41. （清）黃體芳撰，俞天舒編：《黃體芳集》，上海：上海社會科學院出版
社，2004 年。

42. （清）嵇璜等：《清文獻通考》，清文淵閣《四庫全書》本。

43. （清）江忠源、（清）王鑫：《江忠源集 王鑫集》，長沙：嶽麓書社，2013
年。

44. （清）李鴻章撰，顧廷龍、戴逸主編：《李鴻章全集》，合肥：安徽教育出
版集團，2008 年。

45. （清）李銘皖、（清）馮桂芬等纂修：《（同治）蘇州府志》，臺北：成文出
版社，1970 年。

46. （清）梁章鉅撰，吳蒙校點：《浪跡叢談、續談、三談》，上海：上海古籍
出版社，2012 年。

47. （清）劉衡：《庸吏庸言》，清同治七年（1868）崇文書局刊本。

48. （清）劉坤一撰，陳代湘等校點：《劉坤一奏疏》，長沙：嶽麓書社，2013
年。

49. （清）龍啟瑞：《家塾課程》，《叢書集成新編》第 33 冊，臺北：新文豐
出版社，2008 年。

50. （清）呂賢基：《呂文節公奏疏》，清刻本。

51. （清）龍顧山人纂，卞孝萱、姚松點校：《十朝詩乘》，福州：福建人民出
版社，2008 年。

52. （清）馬新祐：《清馬端敏公新貽年譜》，臺北：臺灣商務印書館，1978 年。

53. （清）莫祥芝、（清）甘紹盤修，（清）汪士鐸等纂：《（同治）上江兩縣志》，清同治十三年（1874）刻本。

54. （清）聶爾康撰，梁文生等校注：《聶亦峰先生為宰公牘》，南昌：江西人民出版社，2012 年。

55. （清）錢泰吉：《〈海昌備志〉開館條約》，《〈附餘稿·年譜〉》，臺北：臺海出版社，1973 年。

56. （清）全祖望撰，朱鑄禹匯校集注：《全祖望集匯校集注》，上海：上海古籍出版社，2000 年。

57. （清）盛康輯：《皇朝經世文編續編》，臺北：文海出版社，1972 年。

58. （清）孫鏘鳴撰，胡珠生編注：《孫鏘鳴集》，上海：上海社會科學院出版社，2003 年。

59. （清）孫詒讓撰，潘猛補校補：《溫州經籍志》，上海：上海社會科學院出版社，2005 年。

60. （清）孫詒讓撰，潘猛補點校：《溫州經籍志》，北京：中華書局，2011 年。

61. （清）孫詒讓：《征訪溫州遺書約（附遜學齋藏鄉哲遺書目錄）》，清光緒間刻本。

62. （清）孫詒讓：《周禮政要》，清光緒二十八年（1902）瑞安普通學堂刻本。

63. （清）孫詒讓撰，王文錦、陳玉霞點校：《周禮正義》，北京：中華書局，1987 年。

64. （清）孫詒讓撰，雪克點校：《籀廎述林》，北京：中華書局，2010 年。

65. （清）孫詒讓撰，張憲文輯：《孫詒讓遺文輯存》，杭州：浙江人民出版社，1989 年。

66. （清）孫衣言、（清）孫鏘鳴：《孫衣言孫鏘鳴日記》，清稿本。

67. （清）孫衣言：《遜學齋詩鈔》，清同治三年（1864）刻本。

68. （清）孫衣言：《遜學齋詩續鈔》，清光緒間刻本。

69. （清）孫衣言：《遜學齋文鈔》，清同治十二年（1873）刻本。

70. （清）孫衣言：《遜學齋文續鈔》，清光緒間刻本。

71. （清）孫衣言：《盤谷孫氏族譜》，清光緒間刻本。

72. （清）孫衣言編纂，張如元校箋：《甌海軼聞》，上海：上海社會科學院出版社，2005 年。

73. （清）孫衣言撰，張憲文整理：《瑞安孫氏規約數種》，莊建平主編《近代史資料文庫第 10 卷》，上海：上海書店出版社，2009 年。

74. （清）孫衣言：《詒善祠塾課約》，清刻本。

75. （清）譚瑩：《樂志堂文集》，清咸豐十年（1860）吏隱園刻本。

76. （清）汪士鐸：《汪梅翁乙丙日記》，臺灣：文海出版社，1966 年。

77. （清）魏源：《皇朝經世文編》，長沙：嶽麓書社，2004 年。

78. （清）翁心存撰，張劍整理：《翁心存日記》，北京：中華書局，2011 年。

79. （清）翁曾翰撰，張方整理：《翁曾翰日記》，南京：鳳凰出版社，2014 年。

80. （清）薛福成：《庸庵文編》，清光緒間《庸庵全集》刻本。

81. （清）楊彝珍：《移芝室古文讀本》，清光緒二十二年（1896）楊氏家刻本。

82. （清）姚鼐撰，劉季高點校：《惜抱軒詩文集》，上海：上海古籍出版社，1992 年。

83. （清）姚永概撰，沈寂等標點：《慎宜軒日記》，合肥：黃山書社，2010 年。

84. （清）葉昌熾撰，王欣夫補正，徐鵬輯：《藏書紀事詩》，上海：上海古籍出版社，1989 年。

85. （清）俞樾：《春在堂詩編》，清光緒二十五年（1899）《春在堂全書》本。

86. （清）俞樾：《曲園課孫草》，清光緒八年（1882）年刻本。

87. （清）俞樾著，張燕嬰整理：《俞樾函札輯證》，南京：鳳凰出版社，2014 年。

88. （清）曾國藩：《曾國藩全集》，長沙：嶽麓書社，1994 年。

89. （清）曾國藩撰，（清）李瀚章、（清）李鴻章編：《曾國藩全集》，北京：中國華僑出版社，2003 年。

90. （清）曾國藩撰，（清）李瀚章編：《曾文正公書札》，清光緒二年（1876）傳忠書局刻增修本。

91. （清）張寶琳修，（清）王棻、（清）戴咸弼總纂，永嘉縣地方志編纂委員

會整理：《（光緒）永嘉縣志》，北京：中華書局，2010 年。

92. （清）張穆：《顧炎武年譜》，上海：上海古籍出版社，2012 年。

93. （清）張慶蔡：《平定金發二逆瑣記》，清光緒十六年（1890）抄本。

94. （清）張之洞撰，范希曾補正：《書目答問補正》，上海：上海古籍出版社，2001 年。

95. （清）趙之謙撰，趙而昌整理：《章安雜說》，上海：上海人民美術出版社，1989 年。

96. （清）祝慶琪等：《刑案匯覽三編》，北京：北京古籍出版社，2004 年。

97. （清）左宗棠撰，劉泱泱校點：《左宗棠全集》，長沙：嶽麓書社，2014 年。

98. 陳黻宸撰，陳德溥編：《陳黻宸集》，北京：中華書局，1995 年。

99. 陳烈主編：《小莽蒼蒼齋藏清代學者書札》，北京：人民文學出版社，2013 年。

100. 陳虯撰，胡珠生編輯：《陳虯集》，北京：中華書局，2015 年。

101. 陳虯、宋恕、陳黻宸撰，胡珠生編：《東甌三先生集補編》，上海：上海社會科學院出版社，2005 年。

102. 陳瑞贊編注：《東甌逸事匯錄》，上海：上海社會科學院出版社，2006 年。

103. 馮爾康：《清代宗族史料選輯》，天津：天津古籍出版社，2014 年。

104. 符璋等纂修：《（民國）平陽縣志》，《中國方志叢書·華中地方·第七二號》，臺北：成文出版社，1970 年。

105. 黃濬撰，李吉奎整理：《花隨人聖庵摭憶》，北京：中華書局，2008 年。

106. 黃紹箕撰，俞天舒編：《瑞安文史資料第十七輯 黃紹箕集》，溫州：瑞安市文史資料委員會，1998 年。

107. 賀濤：《賀先生文集》，民國三年（1914）徐世昌刻本。

108. 洪炳文撰，沈不沉編：《洪炳文集》，上海：上海社會科學院出版社，2004 年。

109. 湖北人民政府文史研究館、湖北省博物館整理：《湖北文徵（第 10 卷）》，武漢：湖北人民出版社，2014 年。

110. 賈文昭編：《桐城派文論選》，北京：中華書局，2008 年。

111. 劉大鵬：《退想齋日記》，太原：山西人民出版社，1990 年。

112. 劉成禺撰，錢實甫點校：《世載堂雜憶》，北京：中華書局，2006 年。

113. 劉禺生撰，陸丹林注，謝其章編：《世載堂雜憶續篇》，北京：海豚出版社，2013 年。

114. 馬允倫編：《太平天國時期溫州史料彙編》，上海：上海社會科學院出版社，2002 年。

115. 潘猛補編：《溫州歷史文選》，北京：作家出版社，1998 年。

116. 瑞安縣修志委員會：《(民國)瑞安縣志稿》，民國二十六年（1937）鉛印本。

117. 上海圖書館編：《汪康年師友書札》，上海：上海古籍出版社，1986 年。

118. 舒新城編：《中國近代史教育史資料》，北京：人民出版社，1981 年。

119. 宋恕著，邱濤編：《中國近代思想家文庫：宋恕卷》，北京：中國人民大學出版社，2014 年。

120. 宋恕著，胡珠生編：《宋恕集》，北京：中華書局，1993 年。

121. 宋維遠編：《瑞安市志》，北京：中華書局，2003 年。

122. 孫文光編：《中國歷代筆記選粹》，上海：華東師範大學出版社，1998 年。

123. 孫延釗：《孫衣言孫詒讓父子年譜》，上海：上海社會科學院出版社，2003 年。

124. 孫延釗著，周立人、徐和雍編：《孫延釗集》，上海：上海社會科學院出版社，2004 年。

125. 孫延釗輯，張憲文整理：《孫詒讓詩文遺稿補輯（上）》，《文獻》，1984 年第 1 期，第 179～199 頁。

126. 湯志鈞：《湯志鈞史學論文集》，上海：上海社會科學院出版社，2013 年。

127. 湯志鈞等編：《中國近代教育史彙編：戊戌時期教育》，上海：上海教育出版社，2007 年。

128. 王理孚修，劉紹寬纂：《(民國)平陽縣志》，民國十五年（1926）刻本。

129. 溫州市圖書館《溫州歷史文獻集刊》編輯部編：《溫州歷史文獻集刊（第一輯）》，南京：南京大學出版社，2010 年。

130. 溫州市圖書館《溫州歷史文獻集刊》編輯部編：《溫州歷史文獻集刊（第二輯）》，南京：南京大學出版社，2012 年。

131. 溫州市圖書館《溫州歷史文獻集刊》編輯部編：《溫州歷史文獻集刊（第

三輯）》，南京：南京大學出版社，2013 年。

132. 溫州市政協文史資料委員會編：《溫州文史資料（第 9 輯）》，杭州：浙江人民出版社，1994 年。

133. 吳明哲編著：《溫州歷代碑刻二集》，上海：上海社會科學院出版社，2006 年。

134. 新疆社會科學院歷史研究所編：《「清實錄」新疆資料輯錄‧道光朝、咸豐朝卷》，烏魯木齊：新疆大學出版社，2008 年。

135. 徐珂輯：《清稗類鈔》，北京：中華書局，1986 年。

136. 徐世昌等編，沈芝盈、梁運華點校：《清儒學案》，北京：中華書局，2008 年。

137. 張棡撰，俞雄選編：《張棡日記》，上海：上海社會科學院出版社，2003 年。

138. 張憲文輯：《溫州文史資料（第 5 輯）：孫詒讓遺文輯存》，杭州：浙江人民出版社，1989 年。

139. 趙爾巽：《清史稿》，長春：吉林人民出版社，1998 年。

140. 浙江省通志館編，浙江省地方志編纂委員會整理：《重修浙江通志稿第 100 冊：實業》，北京：方志出版社，2010 年。

141. 政協瑞安縣文史資料委員會編：《瑞安文史資料第 2 輯》，1984 年。

142. 政協瑞安市文史資料委員會編：《瑞安文史資料第 19 輯：孫詒讓學記（選）》，香港：香港天馬圖書有限公司，2000 年。

143. 中國第一歷史檔案館編：《清政府鎮壓太平天國檔案史料》第 5 冊，北京：社會科學文獻出版社，1992 年。

144. 中國第一歷史檔案館編：《咸豐同治兩朝上諭檔第三冊》，桂林：廣西師範大學出版社，1998 年。

145. 中國第一歷史檔案館編：《鴉片戰爭檔案史料》，天津：天津古籍出版社，1992 年。

146. 中國社會科學院近代史研究所《近代史資料》編譯室主編：《太平天國文獻史料集》，北京：知識產權出版社，2013 年。

147. 周夢江：《趙鈞〈過來語〉輯錄》》，《近代史資料》，1979 年第 4 期。

148. 朱鵬：《朱鵬集》，北京：線裝書局，2009 年。

149. 莊建平主編:《近代史資料文庫第 10 卷》,上海:上海書店出版社,2009年。

二、學術專著

1. 蒼南縣政協文史資料委員會編:《蒼南文史資料(第 16 輯):劉紹寬專輯》,2001 年。

2. 蔡克驕、劉同彪、周元雄:《明代溫州民俗文化》,北京:知識產權出版社。

3. 蔡克驕、夏詩荷:《浙東史學研究》,北京:知識產權出版社,2009 年。

4. 蔡尚思:《中國文化史要論》,長沙:湖南人民出版社,1979 年。

5. 曹凌雲主編:《明人明事——浙南明代區域文化研究》,北京:人民出版社,2012 年。

6. 曹之:《中國印刷術的起源》,武漢:武漢大學出版社,1994 年。

7. 陳居淵:《漢學更新運動研究——清代學術新論》,南京:鳳凰出版社,2013 年。

8. 陳居淵:《焦循儒學思想與易學研究》,濟南:齊魯書社,2000 年。

9. 陳麗霞:《歷史視野下的溫州人地關係研究(960～1840)》,杭州:浙江大學出版社,2011 年。

10. 陳平原:《從文人之文到學者之文:明清散文研究》,北京:生活·讀書·新知三聯書店,2004 年。

11. 陳平原《中國散文小說史》,上海:上海人民出版社,2014 年。

12. 陳榮捷:《朱子門人》,上海:華東師範大學出版社,2007 年。

13. 陳文華編:《江西歷史名人研究(第 1 輯)》,北京:中國人事出版社,1995 年。

14. 陳新、彭剛主編:《文化記憶與歷史主義》,杭州:浙江大學出版社,2014 年。

15. 陳寅恪:《金明館叢稿初編》,北京:生活·讀書·新知三聯書店,2011 年。

16. 池子華:《晚清中國政治與社會》,蘇州:蘇州大學出版社,2014 年。

17. 戴逸、李文海主編:《清通鑒》,太原:山西人民出版社,1999 年。

18. 鄧洪波:《中國書院史》,上海:東方出版中心,2004 年。

19. 邸永君：《百年滄桑話翰林──晚晴翰林及其後裔》，北京：中國社會科學出版社，2010 年。

20. 杜就田：《曾文正公榮哀錄》，上海：大達圖書供應社，1935 年。

21. 段志強：《顧祠──顧炎武與晚清士人政治人格的重塑》，上海：復旦大學出版社，2015 年。

22. 丁德昌：《民初湖南省憲自治研究》，上海：上海人民出版社，2011 年。

23. 丁輝、陳新蓉：《明清嘉興科舉家族姻親譜系整理與研究》，北京：中國社會科學出版社，2016 年。

24. 方堅銘：《「永嘉場」地域文化研究──以明代永嘉場為考察中心》，杭州：浙江大學出版社，2012 年。

25. 方如東：《孫詒讓訓詁研究》，北京：中華書局，2007 年。

26. 費孝通：《鄉土中國》，上海：上海人民出版社，2006 年。

27. 馮天瑜、黃長義：《晚清經世實學》，上海：上海社會科學院出版社，2002 年。

28. 馮天瑜：《中國文化生成史》，武漢：武漢大學出版社，2013 年。

29. 復旦大學歷史地理研究中心，哈佛大學哈佛燕京學社編：《國家視野下的地方》，上海：上海人民出版社，2014 年。

30. 高尚舉編：《馬新貽文案集錄》，北京：中央民族大學出版社，2001 年。

31. 葛金芳：《中國近世農村經濟制度史論》，北京：商務印書館，2013 年。

32. 龔鵬程：《中國文人階層史論》，蘭州：蘭州大學出版社，2004 年。

33. 何俊：《南宋儒學建構》，上海：上海人民出版社，2013 年。

34. 何俊：《事與心：浙學的精神維度》，北京：北京大學出版社，2013 年。

35. 何明星：《著述與宗族──清人文集編刻方式的社會學考察》，北京：中華書局，2007 年。

36. 胡臻主編：《溫州民俗中醫藥文化》，杭州：浙江工商大學出版社，2015 年。

37. 胡珠生：《胡珠生集》，合肥：黃山書社，2008 年。

38. 胡珠生：《溫州近代史》，瀋陽：遼寧人民出版社，2000 年。

39. 黃光璧主編：《中國近現代科學技術史》，長沙：湖南教育出版社，1997 年。

40. 黃興濤：《文化史的追尋──以近世中國為視域》，北京：中國人民大學

出版社，2011 年。

41. 江地：《捻軍史研究與調查》，濟南：齊魯書社，1985 年。

42. 姜亮夫：《姜亮夫全集》，昆明：雲南人民出版社，2002 年。

43. 蔣明宏：《明清江南家族教育》，北京：知識產權出版社，2013 年。

44. 江慶柏：《明清蘇南望族文化研究》，南京：南京師範大學，1999 年。

45. 李嘉瑜：《元代上京紀行詩的空間書寫》，臺北：里仁書局，2014 年。

46. 李剛主編、浙江省圖書館編：《東方博物》，杭州：浙江大學出版社，2006 年。

47. 李貴連：《近代中國法制與法學》，北京：北京大學出版社，2002 年。

48. 李宏：《宋代私學發展略論》，北京：中央編譯出版社，2014 年。

49. 李楠、李傑：《中國古代藏書》，北京：中國商業出版社，2015 年。

50. 李培林等：《20 世紀的中國：學術與社會・社會學卷》，濟南：山東人民出版社，2001 年。

51. 李世眾：《晚清士紳與地方政治——以溫州為中心的考察》，上海：上海人民出版社，2006 年。

52. 梁啟超：《中國近三百年學術史》，上海：生活・讀書・新知三聯書店，2006 年。

53. 王學斌：《顏李學在晚清民國的復興與命運》，新北：花木蘭文化出版社，2013 年。

54. 林順道：《方志資料審核論稿》，北京：方志出版社，2007 年。

55. 林亦修：《溫州族群與區域文化研究》，上海：上海三聯書店，2009 年。

56. 柳春蕊：《晚清古文研究——以陳用光、梅曾亮、曾國藩、吳汝綸四大古文圈子為中心》，南昌：百花洲文藝出版社，2007 年。

57. 劉聲木：《桐城文學淵源考》，合肥：黃山書社，1989 年。

58. 劉士林編：《江南文化關鍵詞》，上海：上海音樂學院出版社，2008 年。

59. 劉義祿：《顏元、李塨評傳》，南京：南京大學出版社，2006 年。

60. 劉永海：《蘇天爵研究》，北京：人民出版社，2015 年。

61. 陸敏珍：《宋代永嘉學派的建構》，杭州：浙江大學出版社，2013 年。

62. 陸胤：《政教存續與文教轉型：近代學術史上的張之洞學人圈》，北京：北京大學出版社，2015 年。

63. 羅福惠、許小青、袁詠紅:《長江流域學術文化的近代演進》,武漢:武漢大學出版社,2007 年。

64. 羅檢秋:《嘉慶以來漢學傳統的衍變與傳承》,北京:中國人民大學出版社,2006 年。

65. 羅時進:《地域‧家族‧文學:清代江南詩文研究》,上海:上海古籍出版社,2010 年。

66. 羅志田:《權勢轉移——近代中國的思想與社會》,北京:北京師範大學出版社,2014 年。

67. 呂文利:《〈皇朝藩部要略〉研究》,哈爾濱:黑龍江教育出版社,2013 年。

68. 馬克鋒:《中國近代文化思與辨》,北京:人民日報出版社,2014 年。

69. 馬茂軍:《宋代散文史論》,北京:中華書局,2008 年。

70. 閔澤平:《南宋「浙學」與傳統散文的因革流變》,杭州:浙江大學出版社,2014 年。

71. 潘國森:《甌與甌文化》,北京:中國民族攝影藝術出版社,2012 年。

72. 錢杭:《宗族的世系學研究》,上海:復旦大學出版社,2011 年。

73. 錢杭、謝維揚:《傳統與轉型:江西泰和農村宗族形態》,上海:上海科學院出版社,1995 年。

74. 錢明:《王陽明及其學派論考》,北京:人民出版社,2009 年。

75. 錢穆:《中國學術思想史論叢》,合肥:安徽教育出版社,2004 年。

76. 《紀念孫衣言先生誕辰 200 週年論文集》,2015 年。

77. 阮錫安、姚正根主編:《阮元研究論文選》,揚州:廣陵書社,2014 年。

78. 商偉著,嚴蓓雯譯:《禮與十八世紀的文化轉折——儒林外史研究》,北京:生活‧讀書‧新知三聯書店,2012 年。

79. 商衍鎏:《清代科舉考試述錄及有關著作》,天津:百花文藝出版社,2004 年。

80. 史革新:《清代理學史》,廣州:廣東教育出版社,2007 年。

81. 宋維遠主編:《瑞安古詩七百首》,北京:中國文史出版社,2008 年。

82. 孫競昊、鮑永軍主編:《傳承與創新——浙江地方歷史與文化學術研討會論文集》,杭州:浙江大學出版社,2014 年。

83. 唐力行:《延續與斷裂:徽州鄉村的超穩定結構與社會變遷》,北京:商

務印書館，2015 年。

84. 湯敏：《從祠堂到禮堂：浙江農村公共空間的轉型與重構》，杭州：浙江
    人民出版社，2015 年。

85. 田凱：《清代地方城市景觀的重建與變遷——以 17～19 世紀成都為研究
    中心》，成都：巴蜀書社，2011 年。

86. 王葆心：《方志學發微》，武漢：湖北省地方志編纂委員會辦公室，1984
    年。

87. 王標：《城市知識分子的社會形態——袁枚及其交遊網絡的研究》，上海：
    上海三聯書店，2008 年。

88. 王東傑：《國中的「異鄉」——近代四川的文化、社會與地方認同》，北
    京：北京師範大學出版社，2016 年。

89. 王汎森：《權力的毛細管作用》，北京：北京大學出版社，2015 年。

90. 王鶴鳴：《中國祠堂通論》，上海：上海古籍出版社，2013 年。

91. 王季思：《王季思全集》，石家莊：河北教育出版社，2005 年。

92. 王儉：《〈顧炎武年譜〉箋釋》，太原：山西出版傳媒集團、三晉出版社，
    2012 年。

93. 王善軍：《宋代宗族和宗族制度研究》，石家莊：河北教育出版社，2000
    年。

94. 王水照主編：《新宋學·第 2 輯》，上海：上海辭書出版社，2003 年。

95. 汪少華：《中國古車與名物考辨》，北京：商務印書館，2005 年。

96. 王先明：《近代紳士——一個封建階層的歷史命運》，天津：天津人民出
    版社，1988 年。

97. 魏泉：《士林交遊與風氣變遷：19 世紀宣南的文人群體研究》，北京：北
    京大學出版社，2008 年。

98. 溫州市志編纂委員會：《溫州市志》，北京：中華書局，1998 年。

99. 吾淳：《中國社會的倫理生活：主要關於儒家倫理可能性問題的研究》，
    北京：中華書局，2007 年。

100. 吳承洛：《今世中國實業通志》，上海：商務印書館，1929 年。

101. 吳仁安：《明清江南望族與社會經濟文化》，上海：上海人民出版社，2001
     年。

102. 吳松弟編：《走入歷史的深處：中國東南地域文化國際學術研討會論文集》，上海：上海人民出版社，2011 年。

103. 吳雁南等主編：《中國近代社會思潮（1840～1949）第 1 卷》，長沙：湖南教育出版社，1998 年。

104. 吳兆路、（日）甲斐勝二、（韓）林俊相主編：《中國學研究　第 15 輯》，濟南：濟南出版社，2012 年。

105. 夏承燾：《天風閣學詞日記》，杭州：浙江古籍出版社，1984 年。

106. 夏曉虹：《追憶梁啟超》，北京：生活‧讀書‧新知三聯書店，2009 年。

107. 蕭功秦：《危機中的變革：清末政治中的激進與保守》，廣州：廣東人民出版社，2011 年。

108. 蕭一山：《曾國藩傳：近代激烈轉型期的經營突圍》，南京：江蘇人民出版社，2014 年。

109. 謝貴安：《清實錄研究》，上海：上海古籍出版社，2013 年。

110. 徐茂明：《江南士紳與江南社會（1368～1911）》，北京：商務印書館，2006 年。

111. 徐茂明：《明清以來蘇州文化世族與社會變遷》，北京：中國社會科學出版社，2011 年。

112. 許順富：《湖南紳士與晚清政治變遷》，長沙：湖南人民出版社，2004 年。

113. 徐順平：《溫州歷史概述》，香港：新新出版社，2004 年。

114. 徐雁平：《清代世家與文學傳承》，上海：生活‧讀書‧新知三聯書店，2012 年。

115. 許志偉主編：《基督教思想評論 13》，上海：上海人民出版社，2011 年。

116. 閻步克：《士大夫政治演生史稿》，北京：北京大學出版社，2015 年。

117. 楊國安：《國家權力與民間秩序——多元視野下的明清兩湖鄉村社會史研究》，武漢：武漢大學出版社，2012 年。

118. 楊國強：《歷史意識與帝王意志》，北京：海豚出版社，2011 年。

119. 楊念群：《儒學地域化的近代形態——三大知識群體互動的比較研究》，上海：生活‧讀書‧新知三聯書店，1997 年。

120. 楊渭生主編，杭州大學歷史系宋史研究室編：《徐規教授從事教學科研工作五十週年紀念文集》，杭州：杭州大學出版社，1995 年。

121. 姚周輝、何華湘等:《宗族村落文化的範本——溫州永嘉岩頭金氏宗族村落文化研究》,杭州:杭州出版社,2011 年。

122. 葉德輝:《書林清話》,揚州:廣陵書社,2007 年。

123. 葉純芳:《孫詒讓〈周禮〉學研究》,新北:花木蘭文化出版社,2013 年。

124. 尹燕:《陳黻宸學術思想研究》,杭州:浙江人民出版社,2011 年。

125. 俞雄:《孫詒讓傳論》,杭州:浙江人民出版社,2008 年。

126. 余英時:《士與中國文化》,上海:上海人民出版社,1987 年。

127. 余樟華、胡吉省:《桐城派編年》,北京:人民文學出版社,2015 年。

128. 曾軍:《義理與考據——清中期〈禮記〉詮釋的兩種策略》,長沙:嶽麓書社,2009 年。

129. 張固也:《〈管子〉研究》,濟南:齊魯書社,2006 年。

130. 張健:《知識與抒情:宋代詩學研究》,北京:北京大學出版社,2015 年。

131. 張晶萍:《近代「湘學觀」的形成與嬗變研究》,北京:知識產權出版社,2015 年。

132. 張鈞孫、張鐵孫、戴若蘭:《(度支)隱園詩文輯存》,香港:香港出版社,2005 年。

133. 張鳴:《鄉村社會權力和文化結構的變遷 1903～1953》,西安:陝西人民出版社,2013 年。

134. 張舜徽:《清人文集別錄》,武漢:華中師範大學出版社,2004 年。

135. 章太炎、劉師培等:《中國近三百年學術史論》,上海:上海古籍出版社,2006 年。

136. 章太炎著,上海人民出版社編:《太炎文錄初編》,上海:上海人民出版社,2014 年。

137. 張憲文:《仰雲樓文錄》,香港:天馬圖書有限公司,2000 年。

138. 張義德:《葉適評傳》,南京:南京大學出版社,1994 年。

139. 張鎮中:《鹿城文史資料第七輯:溫州地方史稿》,溫州:中國人民政治協商會議浙江省溫州市鹿城區委員會文史工作委員會,1993 年。

140. 張仲禮:《中國紳士——關於其在 19 世紀中國社會中作用的研究》,上海:上海社會科學院出版社,1991 年。

141. 張仲民、章可編:《近代中國的知識生產與文化政治——以教科書為中

心》，上海：復旦大學出版社，2014 年。

142. 趙所生、薛正興主編：《中國歷代書院志》，南京：江蘇教育出版社，1995
年。

143. 趙雅麗：《晚清京師南城政治文化研究》，南京：鳳凰出版社，2011 年。

144. 浙江省博物館編：《東方博物（第 22 輯）》，杭州：浙江省博物館，2007
年。

145. 浙江圖書館志編纂委員會編：《浙江省圖書館志》，北京：中國書籍出版
社，1994 年。

146. 政協瑞安市文史資料委員會編：《瑞安文史資料第 19 輯——孫詒讓學記
（選）》，香港：香港天馬圖書有限公司，2000 年。

147. 鄭春生、尤育號主編：《溫州史學論叢（第 3 輯）》，武漢：武漢大學出版
社，2013 年。

148. 中國科協發展研究中心課題組編：《近代中國科技社團》，北京：中國科
學技術出版社，2014 年。

149. 中國訓詁學研究會編：《孫詒讓研究論文集》，南昌：百花洲文藝出版社，
2007 年。

150. 中國社會科學院近代史研究所中華民國史研究室編：《胡適來往書信
選》，北京：社會科學文獻出版社，2013 年。

151. 周夢江：《葉適年譜》，杭州：浙江古籍出版社，1996 年。

152. 周夢江：《葉適與永嘉學派》，杭州：浙江古籍出版社，2005 年。

153. 周夢江、陳凡男：《葉適研究》，北京：人民出版社，2008 年。

154. 朱東安：《曾國藩與晚清政局》，北京：團結出版社，2013 年。

155. 朱芳圃：《孫詒讓年譜》，上海：商務印書館，1934 年。

156. 朱漢民：《儒學的多維視域》，北京：東方出版社，2015 年。

157. 朱瑞平：《孫詒讓小學讞論》，北京：商務印書館，2005 年。

158. 朱迎平：《古典文學與文獻論集》，上海：上海財經大學出版社，1998 年。

159. （德）阿斯曼著，金壽福、黃曉晨譯：《文化記憶：早期高級文化中的文
字、回憶和政治身份》，北京：北京大學出版社，2015 年。

160. （德）韋爾策編，季斌等譯：《社會記憶：歷史、回憶、傳承》，北京：北
京大學出版社，2007 年。

161. （法）丹納著，傅雷譯：《藝術哲學》，合肥：安徽文藝出版社，1991 年。

162. （法）福柯著，謝強、馬月譯：《知識考古學》，北京：生活・讀書・新知三聯書店，2003 年。

163. （法）哈布瓦赫著，畢然、郭金華譯：《論集體記憶》，上海：上海人民出版社，2002 年。

164. （法）勒高夫著，方仁傑、倪復生譯：《歷史與記憶》，北京：中國人民大學出版社，2010 年。

165. （加）卜正民著，張華譯：《為權力祈禱——佛教與晚明中國士紳社會的形成》，南京：江蘇人民出版社，2005 年。

166. （美）艾爾曼著，復旦大學文史研究院譯：《經學・科舉・文化史：艾爾曼自選集》，北京：中華書局，2010 年。

167. （美）艾爾曼著，趙剛譯：《經學、政治與宗族——中華帝國晚期常州今文學派研究》，南京：江蘇人民出版社，1998 年。

168. （美）達恩頓著，鄭國強譯：《法國大革命前的暢銷禁書》，上海：華東師範大學出版社，2012 年。

169. （美）杜贊奇著，王福明譯：《文化、權力與國家——1900～1949 年的湖北》，南京：江蘇人民出版社，2010 年。

170. （美）格爾茨著，納日碧力戈等譯：《文化的解釋》，上海：上海人民出版社，1999 年。

171. （美）韓書瑞、（美）羅友枝著，陳仲丹譯：《十八世紀中國社會》，南京：鳳凰出版傳媒集團，江蘇人民出版社，2009 年。

172. （美）孔飛力著，謝亮生等譯：《中華帝國晚期的叛亂及其敵人——1796～1864 年的軍事化與社會結構》，北京：中國社會科學出版社，1990 年。

173. （美）梅爾清著，朱修春譯：《清初揚州文化》，上海：復旦大學出版社，2004 年。

174. （美）羅威廉著，陳乃宣等譯：《救世：陳宏謀與十八世紀中國的精英意識》，北京：人民大學出版社，2016 年。

175. （美）羅茲曼主編；國家社會科學基金「比較現代化」課題組譯：《中國的現代化》，南京：江蘇人民出版社，2014 年。

176. （美）薩義德著，單德興譯：《知識分子論》，上海：生活・讀書・新知三

聯書店，2005 年。

177. （美）田浩著，姜長蘇譯：《功利主義儒家——陳亮對朱熹的挑戰》，南京：江蘇人民出版社，2012 年。

178. （美）托夫勒著，劉炳章等譯：《力量轉移——臨近 21 世紀時的知識、財富和暴力》，北京：新華出版社，1991 年。

179. （美）魏斐德著，王小荷譯：《大門口的陌生人——1839～1861 年間華南的社會動亂》，北京：中國社會科學出版社，1988 年。

180. （美）巫鴻著，李清泉、鄭岩等譯：《中國古代藝術與建築中的「紀念碑性」》，上海：上海人民出版社，2008 年。

181. （美）蕭邦奇著，周武彪譯：《血路——革命中國的沈定一（玄盧）傳奇》，南京：江蘇人民出版社，2010 年。

182. （美）伊沛霞著，范兆飛譯：《早期中華帝國的貴族家庭：博陵崔氏個案研究》，上海：上海古籍出版社，2015 年。

183. （美）張信著，岳謙厚、張瑋譯：《二十世紀初期中國社會之演變——國家與河南地方精英（1900～1937）》，北京：中華書局，2004 年。

184. （日）井上徹著，錢杭譯：《中國的宗族與國家禮制》，上海：上海書店出版社，2008 年。

185. （日）森正夫：《森正夫明清史論集》，東京：汲古書院，2006 年。

186. （日）森正夫著，於志嘉等譯：《「地域社會」視野下的明清史研究——以江南和福建為中心》，南京：江蘇人民出版社，2017 年。

187. （日）宇野哲人著，馬福辰譯：《中國近世儒學史》，臺北：中國文化大學出版社，1982 年。

188. （英）弗里德曼著，劉曉春譯：《中國東南的宗族組織》，上海：上海世紀出版集團，2000 年。

189. David Hall: *Cultures of Print:Essays on the History of Book*.Amherst University of Massachusetts, 1996.

190. Hilary Beattie: Land and Lineage in China: a Study of T'ung-Ch'ung Country, Anhwei, in the Ming and Ch'ing Dynasties. Cambridge University Press, 1973.

191. Joseph W. Esherick / Mary Backus Rankin,eds:*Chinese Local Elites and*

Patterns of Dominance. University of California Press, 1990.

192. Mary Rankin: Elite activism and political transformation in China:Zhejiang Province, 1865-1911. Stanford University Press, 1986.

193. Robert Hymes: Statesman and Gentlemen: The Elite of Fu-Chou, Chiang-his, in Northern and Southern Sung. Cambridge University Press, 1986.

194. William Skinner eds.The Study of Chinese Society.Stanford University Press, 1979.

三、期刊論文

1. 常建華：《明代江浙贛地區的宗族鄉約化》,《史林》,2004 年第 5 期,第 35～41、123 頁。

2. 常建華：《清代族正考論》,《社會科學輯刊》,1989 年第 5 期,第 91～96 頁。

3. 常建華：《試論乾隆朝治理宗族的政策與實踐》,《學術界》,1990 年第 2 期,第 61～67、96 頁。

4. 常建華：《鄉約、保甲、族正與清代鄉村治理——以凌（火壽）〈西江視臬紀事〉為中心》,《華中師範大學學報》,2006 年第 1 期,第 71～76 頁。

5. 陳安金：《論水心辭章之學和異化》,《學術界》,2006 第 3 期,第 137～141 頁。

6. 陳安金、陳邦金：《論孫詒讓的禮學研究與中西政治文化觀》,《哲學研究》,2012 年第 9 期,第 53～58 頁。

7. 陳彩云：《元代溫州的宗族建設》,《浙江師範大學學報（社會科學版）》,2011 年第 2 期,第 33～37 頁。

8. 陳進國：《理性的驅馳與義理的兼容——宋明理學與東南家族社會經濟變遷簡論》,《東南學術》,2001 年第 6 期,第 30～37 頁。

9. 崔來廷：《清代甲科世家析論——以桐城張氏為例》,《湖北第二師範學院學報》,2011 年第 10 期,第 63～69 頁。

10. 崔岷：《「靖亂世所以致亂」：咸同之際山東的團練之亂》,《近代史研究》,2011 年第 3 期,第 27～46 頁。

11. 崔岷：《咸豐初年清廷委任「團練大臣」考》,《歷史研究》,2014 年第 6 期,第 165～174 頁。

12. 鄧利萍:《「心蘭書社」——我國近代公共圖書館的早期雛形》,《四川圖書館學報》,2007 年第 2 期,第 60～61 頁。

13. 董平:《葉適對道統的批判及其知識論》,《孔子研究》,1994 年第 1 期,第 67～74 頁。

14. 董朴垞:《孫詒讓著述考略》,《溫州師範學院學報》,1980 年第 2 期,第 72～79 頁。

15. 方芳:《從〈清代朱卷集成〉管窺科舉家族聯姻特點——以孫家鼐家族為中心》,《莆田學院院報》,2009 年第 6 期,第 35～40、61 頁。

16. 費成康:《論家法與族規的分野》,《政治與法律》,1998 年第 4 期,第 45～47 頁。

17. 馮爾康:《清代宗族族長述論》,《江海學刊》,2008 年第 5 期,第 144～154 頁。

18. 《撫部院增闢瑞安縣孫詒澤等稟稱設立建議協會請立案由》,《浙江官報》第 9 期,1910 年 5 月 8 日,文牘類,第 87 頁。

19. 符丕盛:《葉適心理學思想初探》,《溫州師專學報(社會科學版)》,1980 年第 1 期,第 75～82 頁。

20. 顧頡剛、陳槃:《瑞安孫詒讓著述考》,《中大圖書館報》,1929 年第 7 卷第 5 期。

21. 何文平:《清末地方軍事化中的國家與社會——以廣東團練為例》,《學術研究》,2009 年第 9 期,第 114～121、160 頁。

22. 侯俊丹:《俠氣與民情——19 世紀中葉地方軍事化演變中的社會轉型》,《社會》,2014 年第 3 期,第 61～91 頁。

23. 《甲寅週刊》民國十四年(1925)第 1 卷,第 16 號。

24. 蘭秋陽:《孫詒讓學術淵源辨析》,《河北北方學院院報(社會科學版)》,2010 年第 3 期,第 24～28 頁。

25. 蘭秋陽:《近 20 年清代家學研究之回顧與展望》,《河北北方學院學報(社會科學版)》,2011 年第 1 期,第 42～44、52 頁。

26. 李菁、李時人:《明清文化家族生成機制析論——以嘉興為例》,《華僑大學學報(哲學社會科學版)》,2017 年第 3 期,第 119～131 頁。

27. 李世眾:《19 世紀中葉士紳階層的分裂——以溫州社會為考察中心》,《歷

史教學問題》，2004 年第 6 期，第 4～9 頁。

28. 李世眾：《清中葉的宗族、政府與地方治理——透視溫州糧食危機引發的騷亂及其消弭》，《歷史教學問題》2005 年第 6 期，第 4～9 頁。

29. 李世眾：《清末士紳與地方政治——以孫詒讓興學活動為中心的考察》，《歷史教學問題》，2006 第 6 期，第 15～20 頁。

30. 李真瑜：《沈氏文學世家傳承及其文化指向——關於文學世家的家族文化特徵》，《中國社會科學院研究生院學報》，2004 年第 1 期，第 96～98 頁。

31. 梁啟超：《廣詩中八賢歌》，《新民叢報》清光緒 28 年（1902）年第 3 號《文苑》第 1 頁。

32. 林昌丈：《明清東南沿海衛所軍戶的地方化——以溫州金鄉衛為中心》，《中國歷史地理論叢》，第 24 卷第 4 輯，2009 年，第 115～124 頁。

33. 凌一鳴：《晚清士人的書籍往還網絡建構與地方文化權威的樹立——以瑞安孫氏為例》，《圖書館論壇》，2017 年第 8 期，第 64～70、16 頁。

34. 劉春霞：《「永嘉文派」論略》，《山西師範大學學報（社會科學版）》，2005 年第 6 期，第 64～66、74 頁。

35. 劉錚云：《金錢會與白布會——清代地方政治運作的一個剖面》，《新史學》，1995 年第 3 期，第 63～94 頁。

36. 劉鍾華、朝克：《權力體系內的文化——文化權力的再認識》，《東嶽論叢》，2012 年第 5 期，第 180～183 頁。

37. 劉志偉：《明清族譜中的遠代世系》，《學術研究》，2012 年第 1 期，第 90～97 頁。

38. 羅時進、陳燕妮：《清代江南文化家族的特徵及其對文學的影響》，《江蘇社會科學》，2009 年第 2 期，第 155～160 頁。

39. 毛立平：《十九世紀中期安徽基層社會的宗族勢力——以捻軍、淮軍為中心》，《清史研究》，2001 年，第 4 期，第 14～23 頁。

40. 米鎮波：《論咸豐朝地方團練的經濟來源及影響》，《歷史教學》，1986 年第 12 期，第 4～7 頁。

41. 牛貫傑：《從「守望相助」到「吏治應以團練為先」——由團練組織的發展演變看國家政權與基層社會的互動關係》，《中國農史》，2004 年第 1

期，第 73～80 頁。

42. 潘德寶：《孫詒讓家族文化演變與地理軌跡試探》，《浙江師範大學學報（社會科學版）》，2013 年第 2 期，第 39～45 頁。

43. 潘靜如：《金文考訂與近代學術思潮──以莊述祖、吳大澂、孫詒讓〈說文〉古籍研究為中心》，《中國典籍與文化》，2014 年第 3 期，第 18～25 頁。

44. 潘猛補：《心蘭書社及其創始者》，《圖書館雜誌》，1989 年第 6 期，第 47～48 頁。

45. 錢慧真：《清代江蘇的經學世家及其家學考論》，《蘇州大學學報（哲學社會科學版）》，2010 年第 6 期，第 115～118 頁。

46. 邱捷：《清末文獻中的廣東「紳商」》，《歷史研究》，2001 年第 1 期，159～147、191 頁。

47. 邱巍：《從家族角度切入：近代學術思想史研究的新方向》，《中國文化報》，2010 年 2 月 5 日，第 3 版。

48. 《瑞安盤古山人孫詒澤仲飆鬻字》，《申報》民國十五年（1926）7 月 25 日。

49. 宋炎：《記瑞安孫氏玉海樓藏書及與兩浙人文之關係》，《圖書展望》，1947 年第 10 期，第 29 頁。

50. 孫宣：《朱盧筆記》，《青鶴》第 2 卷，第 13 期，第 1 頁。

51. 孫延釗：《浙江疇人別記（三）》，《浙江通志館館刊》，第 1 卷第 3 期。

52. 孫延釗輯、張憲文整理：《孫詒讓詩文遺稿補輯》，《文獻》，1984 年第 1 期，第 179～199 頁。

53. 王笛：《羅威廉〈救世：陳宏謀與十八世紀中國的精英意識〉》，《歷史研究》，2002 年第 1 期，第 183～185 頁。

54. 王日根：《明清東南家族文化發展與經濟發展的互動》，《東南學術》2001 年第 6 期，第 23～29 頁。

55. 王先明：《晚清士紳基層社會地位的歷史變動》，《歷史研究》，1996 年第 1 期，第 17～29 頁。

56. 《文錄二首》，《華國月刊》民國十五年（1926）第 3 卷第 3 冊，第 10 頁。

57. 魏光奇：《清末民初地方自治下的「紳權」》，《河北學刊》，2005 年第 6

期，第 143～149 頁。

58. 武道房：《論嘉道經世學派的興起及其對晚清社會的影響》，《貴州師範大學學報（社會科學版）》，2009 年第 2 期，第 69～75 頁。

59. 吳稌年：《圖書館學術思想史研究中的若干概念問題》，《圖書館》，2009 年第 2 期，第 29～31 頁。

60. 修朋月、寧波：《清代社會鄉紳勢力對基層社會控制的加強》，《北方論叢》，2003 年第 1 期，第 43～47 頁。

61. 許楓葉：《地方軍事化中的國家與社會——以「團練」言說為中心的考察》，《西南民族大學學報（人文社會科學版）》，2017 年第 3 期，第 235～240 頁。

62. 徐洪興：《論葉適的「非孟」思想》，《浙江學刊》，1994 年第 3 期，第 50～54 頁。

63. 徐立望：《太平天國後的浙江學風變遷——以戴望為中心的研究》，《史林》，2015 年第 2 期，第 115～122，20、221 頁。

64. 徐茂明：《國家與地方關係中的士紳家族——以晚清江南減賦為中心》，《蘇州大學學報（哲學社會科學版）》，2007 年第 4 期，第 108～114 頁。

65. 雪克：《孫詒讓學術要著述略》，《溫州師範學院學報》1988 年增刊《孫詒讓紀念論文集》，第 163～178 頁。

66. 楊淦：《壽州孫氏家族與阜豐麵粉廠》，《安徽史學》，1996 年第 1 期，第 83 頁。

67. 楊小輝：《傳統士紳與知識階層的近代轉型》，《學術界》，2007 年第 6 期，第 228～232 頁。

68. 尹福庭：《關於湘軍的產生與曾國藩辦團練的關係》，《歷史教學》1981 年第 8 期，第 22～23 頁。

69. 印興波：《家學淵源與學術傳承——從程頌萬到程千帆》，《南京大學學報（哲學人文科學社會科學版）》，2010 年第 4 期，第 135～140 頁。

70. 俞雄：《孫詒讓維新思想及其實踐》，《溫州師範學院學報（哲學社會科學版）》，1997 年第 2 期，第 29～35 頁。

71. 曾軍：《論中國思想譜系的倫理性特徵》，《孔子研究》，2015 年第 1 期，第 19～25 頁。

72. 張憲文：《瑞安孫氏規約數種》，《近代史資料》，1983 年第 2 期，第 3～7 頁。

73. 張玉法：《戊戌時期的學會運動》，《歷史研究》，1998 年第 5 期，第 15～26 頁。

74. 趙崔莉：《晚清傳統秩序崩潰和紳權擴張之淺見——光緒二十七年皖江水災與和州的社會控制》，《清史研究》，2005 年第 2 期，第 99～103 頁。

75. 《浙江教育總會公啟》，《浙江日報》1908 年 9 月 10 日。

76. 周泓：《市鎮宗族與圈層格局》，《學術研究》，2013 年第 1 期，第 31～41 頁。

77. 周夢江：《趙鈞〈過來語〉輯錄〉》，《近代史資料》，1979 年第 4 期，第 145 頁。

78. 周夢江：《談孫衣言著葉適年譜的問題及其他》，《溫州師範學院學報（哲學社會科學版）》，1997 年第 4 期，第 82～83 頁。

79. 周田田：《瑞安孫氏家族的修志傳承》，《溫州職業技術學院學報》，2015 年第 15 卷第 4 期，第 14～17 頁。

80. 周瀟：《明清諸城丁氏文學成就述要》，《東方論壇》，2012 年第 3 期，第 102～108 頁。

81. 祝天智：《論晚清儒學政治社會化危機》，《重慶社會科學》，2005 年第 1 期，第 52～54、116 頁。

82. （美）詹斯·布洛克邁爾：《定位自我：自傳式記憶、文化記憶和亞裔美國人的經歷》，《國際社會科學雜誌（中文版）》，2012 年第 4 期，47～60 頁。

四、學位論文

1. 曹雷：《汪山土庫程氏家族與基層社會管理研究》，南昌大學碩士學位論文，2014 年。

2. 陳晶晶：《林壽圖研究》，福建師範大學碩士學位論文，2011 年。

3. 陳尚敏：《近代社會轉型與甘肅士紳》，西北師範大學博士學位論文，2007 年。

4. 杜國慶：《畢沅與孫詒讓〈墨子〉校勘比較研究》，溫州大學碩士學位論文，2010 年。

5. 郭院林：《從「以禮治左」到「援古經世」——清代儀徵劉氏左傳家學研

究》，北京大學博士學位論文，2007 年。

6. 郝麗霞：《吳江沈氏文學世家研究》，華東師範大學博士論文，2004 年。

7. 史獻浩：《溫州傳統家族近代轉型研究》，蘇州大學碩士學位論文，2015 年。

8. 汪仕輝：《唐代士族家學研究——以京兆韋氏、趙郡李氏、吳郡陸氏為例》，武漢大學博士學位論文，2011 年。

9. 王瑜：《明清士紳家訓研究》，華中師範大學博士學位論文，2007 年。

10. 吳洋飛：《明清溫州傳統家族結構及功能研究》，蘇州大學碩士學位論文，2014 年。

11. 徐佳貴：《地方士人與晚清地方教育轉型》，復旦大學碩士學位論文，2012 年。

12. 袁靚：《王念孫、俞樾、孫詒讓〈荀子〉校注研究》，吉首大學碩士學位論文，2013 年。

13. 張愛華：《族譜話語與權力表達——明清涇縣張香朱氏系列族譜研究》，華東師範大學博士學位論文，2012 年。

附錄：金錢會與孫氏家族
相關史實辨析

一、相關文獻

　　金錢會事件在晚清溫州地區影響較大，它將地方權力格局內部隱藏的諸多矛盾暴露無遺。作為地方上具有較大輻射力的家族，孫氏受到巨大的衝擊，這在目前所見幾種對金錢會事件的回溯性文獻中有比較明顯的體現。通過這些事後的回憶，可以看出金錢會地方人士對孫氏的怨懟情緒已浮上水面。金錢會事件中孫氏家族的表現與遭遇使不同派系、不同層次的地方士紳們對孫氏的敬畏大大減退，對事件的選擇建構上也更多情感色彩和個人立場的體現。由於作者身份、著述時間乃至觀察角度的差異，這些文獻對於同一事件的記錄多有分歧，有的甚至大相徑庭，析分這些歷史書寫中的歧異，可以更清晰的認識金錢會事件對孫氏家族的影響。

　　有關金錢會的相關文獻，主要有黃體芳《錢虜爰書》、孫衣言《會匪紀略》、劉祝封《錢匪紀略》、吳一勤《瑞安西北鄉團練防剿記》、張慶葵《瑞安東區鄉團剿匪記》、趙之謙《章安雜說》，地方史志則有《（民國）平陽縣志》、《（民國）瑞安縣志》，以及孫衣言自撰《亡兒詒谷殯志》、《丁太淑人行述》等。

　　黃體芳（1832～1899），字漱蘭，號憨山。《錢虜爰書》為日記體，以時間為序，所記從咸豐十一年（1861）六月二十六日至同治元年（1862）正月初一日，時逾半年，可謂對金錢會始末的即時性記述，故而在各種金錢會相關文

獻中最早成型與傳播。黃體芳於金錢會事發時正在瑞安，所述各事項亦多為耳聞目睹。尤其在金錢會圍攻瑞安之際，黃氏正留守縣城，與其他士紳組織團練城防，對此段情況所記尤詳。因《錢虜爰書》對於金錢會事件的發展始末主線所述頗為清晰，又受限於日記體的形式，在組織上顯得簡略且蕪雜，所以既為其後各文獻所參考，又為各家敘述留有充足的空間。

孫衣言自著《會匪紀略》即受黃氏啟發頗多。據孫延釗為乃祖所撰《年譜》，同治五年（1866）夏，孫衣言就黃體芳所與《錢虜爰書》稿本，「撮其大要，參以所聞，為《會匪紀略》」〔註1〕。因孫氏對金錢會事件的參與程度及方式有別於黃氏，故《會匪紀略》雖築基於《錢虜爰書》，在敘述重點與取材詳略上還是大相徑庭。

《瑞安西北鄉團練防剿記》，吳一勤撰。吳一勤，字箴之，瑞安麗嶴廩生。吳一勤亦為孫鏘鳴所組織之白布會成員。是書所著時間尚早於《會匪紀略》，同治三年即已成書。後吳氏將自撰《書遜學齋〈會匪紀略〉後》、《書遜學齋〈瑞安西北鄉團練義民表序〉後》二文及與孫衣言、孫鏘鳴、黃維誥等人信札若干通附於書後，合為一卷。現存《瑞安西北鄉團練防剿記》為二十世紀五十年代宋炎從《吳氏家譜》中抄出，藏於溫州市博物館。

《瑞安東區鄉團剿匪記》，張慶葵撰。張慶葵，字心如，瑞安汀田廩生。是書為光緒十五年張慶葵於晚年時據回憶所著。是書成書後曾經張慶葵及其子張棡多次刪改，現存兩個較為完整的版本，一為光緒十五年（1889）《平定金錢粵匪瑣記》，外封作《平定溫州瑞平金錢粵匪瑣記》；一為張慶葵之子張棡抄本，易書名為《瑞安東鄉剿匪記》。

如前所述，吳、張二人皆為瑞安頗具勢力的士紳，也都曾參加到地方士紳辦團及對抗金錢會的活動中。吳氏為白布會重要成員，張氏則是自辦連環會而遭到孫氏的打擊乃至取締。因所屬利益集團不同，兩書所載分歧比比皆是，但其著述的目的則有相同之處：即都是為自己在金錢會事件中的作為邀功及辯誣，並反擊自己遭受的攻擊與指責。所以兩者都不約而同地收錄了與地方官員，包括奉命在籍辦團的孫氏之間的對話及書信，以示自己行動的正當性與合法性。

〔註1〕孫延釗：《孫衣言孫詒讓父子年譜》，上海：上海社會科學院出版社，2003 年，第 67 頁。

《錢匪紀略》，劉祝封撰。劉祝封身世不詳，僅知其與孫衣言家族相友善，在金錢會圍攻瑞安時，曾與孫詒谷等一同出城求援。是書亦成於金錢會事件平息後四十多年後，與吳、張二書以主觀視角為線索、以樹名辯冤為目的不同，劉氏試圖建立一個相對平允的金錢會敘述模式。但由於時間久遠，記憶模糊，劉氏所述在時間上常有矛盾混亂之處，很多事件仍需沿襲黃、孫的金錢會敘述體系。是書溫州市圖書館存稿本。

下面以孫氏家族為中心，比較不同記述者的歷史記憶裏，金錢會事件中的孫氏家族。

二、祇陀山之戰

祇陀山之戰是金錢會事件中的一次激戰，指吳一勤、孫詒谷所領團練與金錢會眾之間在祇陀山、金谷山的交戰。對此次戰鬥，各種敘述歧異甚多，頗值注意。關於祇陀山之戰，《會匪紀略》所載最為簡略：

> （十二月）十五日，張啟煊謀進剿金谷山，遂令團練守龍山，而別調廩生吳一勤以一都團練、予子詒谷以廿五都團練，先行會剿祇陀山賊。十六日，一勤、詒谷焚祇陀，賊皆西走，啟煊進軍次澄頭，而總兵秦如虎兵克水北溪。〔註2〕

如前所述，《會匪紀略》以張啟煊領兵助剿為事件走向的轉折點，此段記敘正在張啟煊參戰之後，整體順暢且與前後數戰銜接緊密。而孫詒谷的參與讓孫衣言對此戰似乎更具發言權。依此說法，孫詒谷與吳一勤均以團練身份協助張啟煊進剿，並作為先鋒擊敗敵人，焚滅祇陀山金錢會據點。

然而這場勝利在孫氏自己筆下也別有說法：

> 咸豐十一年十一月六日，瑞安並河諸鄉民既相約殺會匪，城圍解，而瑞之四十都金谷山賊聚如故。其餘黨分踞江上流者，巢於二十五都之祇陀山。統師記名道張啟煊以閩師進逼之，遣生員孫詒谷先行，十二月十六日，詒谷燒祇陀寺，啟煊進次澄頭，於是二十五、六、七都諸從賊者及正。啟煊遂謀直搗金谷山，復令起團練以助軍，於是廩生吳一勤以一都團丁與詒谷約分道進，而一勤、詒谷先行。至碧山而金谷山賊數千突至，遂大敗，一勤、詒谷幾不免。已而舟

〔註2〕（清）孫衣言：《會匪紀略》，《遜學齋文鈔》卷二，清同治十二年（1886）刻本。

師至，發巨炮擊之，賊始潰去。〔註3〕

在這篇表彰瑞安西北鄉團練義民的表文中，攻佔祇陀山、焚燒祇陀寺的功勞為孫詒谷獨佔。孫氏進而贏得張啟煊信任，得以以團練身份助軍。此時吳一勤方與孫詒谷進擊金谷山會眾，結果遭遇埋伏，幾遭覆滅，得水師之助，方逃出生天。孫衣言此篇所作之目的與《會匪紀略》有所不同，主要讚頌瑞安西北鄉團在金錢會事件中的行為，為己家辯誣的怨忿委曲情緒平和了許多。另一方面，二文受眾也大相逕庭。如前所述，《會匪紀略》是孫衣言建構金錢會事件的一個文本，試圖利用壟斷話語權向社會輿論定位與評價金錢會事件中各方的行為，而《瑞安西北鄉團練義民表序》的對象則是本土居民，知情者頗多，孫衣言也不便過多塗抹。所以孫衣言在突出孫詒谷焚祇陀之功的同時，也承認孫詒谷、吳一勤團練在此曾遭受失敗。然而此戰內情如何，孫氏仍然語焉不詳。孫詒谷、吳一勤何以在大破祇陀之後，輕易地深陷重圍，竟至幾乎滅頂之災？實際上，被孫衣言作為重要參照的黃體芳對此曾有詳細記載，只是被孫衣言隱去不言：

十六日，辰刻，張觀察遣閩勇二百餘名以戰船先行，嶼頭中洲望見之，放炮鳴鼓，嘈雜逾時。巳刻，閩勇數百人由陸路進發。觀察以夫役後期，午後始移營下山，行至廿四都，見前村火起，則吳一勤、孫詒谷等已以鄉團破祇陀寺矣。活擒賊四名，斬首八級，賊眾四竄。一勤詣觀察行營，遂與閩勇分屯半浦、後垟等處。張時（慶）葵前謁張觀察，約以鄉團五千人隨營，及奉檄，無一人，乃赴隆山乞緩師，觀察怒斥之。……十七日……觀察持重，諭民團當躡官軍後，不得吾令勿輕進。孫詒谷少年氣盛，是日黎明，與一都團董吳一勤、城內監生孫松濤等，率眾直抵橫塘、周澤、北山諸村。有詐降者，留眾午餐，額書「上」字以示眾，眾不之疑。食間，賊大至。村民拭額上字，出懷中黃旗，周麾而呼，要殺鄉團六十餘人。孫松濤頸後被創，以氈帽厚，得不死。賊追詒谷急，詒谷以洋槍斃前截路賊，躍而過，追者刃之不中，中賊屍。詒谷疾走，溺途中，八人掖之起。一都義民亦掖吳一勤於淖水，已及其頸。觀察中途聞變，

〔註3〕（清）孫衣言：《瑞安北鄉團練義民表敘》，《遜學齋文鈔》卷八，清同治十二年（1886）刻本。

帥部卷甲疾驅……賊大敗。〔註4〕

　　黃氏為日記體，故不惜筆墨對此戰詳加介紹。按此說法，張啟煊率閩勇至廿四都時，吳一勤、孫詒谷已破祇陀寺。此後吳一勤方以團練身份謁見張啟煊，獲官方授權。值得注意的是，黃文提到與孫、吳等素有嫌隙的張慶葵也謁見張啟煊以示剿匪之決心，但在張啟煊招集時卻缺席未到。至於關鍵的孫、吳遭受失敗的情況，黃氏直指「孫詒谷少年氣盛」，在祇陀寺之戰後自信膨脹，誤受詐降，結果被引入包圍圈，乃至大敗。

　　與《會匪紀略》頗多出入的張慶葵《瑞安東區鄉團剿匪記》對此戰記述則更具傾向性：

　　　　十五日大雨，予遣人赴隆山探聽，觀察諭俟天晴進兵。至二更後天霽，五更，觀察檄令明早起兵。予局即飛召各團，至兵齊，已辰牌矣。詎吳一勤探知賊已棄岐陀寺走，冀搶首功，遂於卯時先翻山進，辰時抵岐陀，毀其寺，煙蔽天。觀察遙望心慌，急令嚴催。時予兵至城。已巳初，因會齊並進。而吳一勤兵至盧浦，方揚揚得志，派勒酒飯。正飲酒間，賊見其後無繼，伏兵突出，困之核心。吳一勤情知中計，慌逃無路。逼至水邊，欲鳧水逸，又陷淖不得脫。幸予團先到，奮勇殺賊，救一勤出險。而西鄉團丁已失數十百人。既而觀察兵踵至，永邑上河鄉紳士徐方等亦督團來援，同縶盧浦、桐浦兩地。賊見官兵勢盛，退踞陶山，為負隅計。吳一勤既敗歸，又被陣亡屍屬擾鬧，乃避匿中埭山中不敢出，而西鄉團局遂廢。〔註5〕

　　在張氏筆下，祇陀寺之戰實為吳一勤冒進，焚毀會眾棄營以為己功。同時辯駁自己在收到張啟煊檄令後即招集團練，只是東區各鄉團兵至太慢，誤了時辰。而吳一勤兵敗的原因，竟是焚毀祇陀寺之後，「揚揚得志，派勒酒飯」，被會眾打了伏擊，極其狼狽。得以逃生的原因並非張啟煊水師來救，而是由於張慶葵領團練及時趕到，方解厄困。此戰的結果，更為張慶葵樂道：「吳一勤既敗歸，又被陣亡屍屬擾鬧，乃避匿中埭山中不敢出，而西鄉團局遂廢。」

〔註4〕（清）黃體芳：《錢虜爰書》，馬允倫編：《太平天國時期溫州史料彙編》，上海：上海社會科學院出版社，2002年，第120頁。

〔註5〕（清）張慶葵：《瑞安東區鄉團剿匪記》，馬允倫編：《太平天國時期溫州史料彙編》，上海：上海社會科學院出版社，2002年，第183頁。

經此戰，張慶葵直接宣布了吳一勤辦團的徹底失敗。值得注意的是，關於此戰，張慶葵無一語提及孫詒谷，主要針對吳一勤而發，其中原因，下文將作解釋。

同樣對於此戰，身處矛盾核心的吳一勤則尤多異見，他不惜花費大量筆墨回憶這場戰鬥：

> 越二日，即十六辰牌出師期矣……詒谷亦八人，與予弟一精及各團董皆從行。甫抵潘垈，詒谷遂欲燒同族會首孫包容、有得、有順家，報焚之仇。勤以會剿祇陀不許，挈之行。疾馳三十里，秋毫無犯。所過地暨有所給團旗，一路不絕，並有願為嚮導以及跟隊打仗者。吾軍團之膽益壯，氣益盈，午牌直搗祇陀，大獲勝仗。所謂二十五、六、七都諸村從賊反正，勤實預約，啟煊何與焉。

> 斯役也，幸而大獲勝仗，事後設想，寧堪回顧。夫師出有師期也，軍行有軍令也，十二月十六日為主帥所定之期，會剿祇陀，為主帥所發之命。勤抵祇陀，彼會剿之官兵杳如黃鶴……祇陀賊，性雖鴟張，勢皆祇陀寺勤實焚之，詒谷何與焉？……

> 啟煊又無與詒谷約，而谷所以先行者，殆急欲以焚會首各家以報復其私仇，擅帶跟丁，不約而去，俄而焰煙四起。勤以谷輕敵寡謀，鮮有不敗，即屬同仇，豈容坐視。趣團兼程至碧山，始晤詒谷，急止之曰：「此匪地也，桐乾以上諸村未反正，君何輕身藐敵若是！倘賊以放火故悉銳而拒我，君七八人將若之何？」詒谷面赤無以應，乃攜之自登碧山殿高處，遠望澄頭舟師，但暨旗，似未作啟行狀。時諸村民正供午餐，諜者忽報金谷山匪黨以縱火故，傾巢而出，於是團眾悉咎詒谷。谷亦懼而悔，勤乃○各團眾折向澄頭。已而賊果大至，乃列陣於江邊泥塗以期混戰。……勤乃大詢於眾曰：「今日陣當背水，進固死，退亦死。且進或幸不死，是為死中求生。」振臂一呼，創者皆起，吾軍單百人及槍勇飛旗舞槍，冒死爭先。……我怒而彼怠，賊藥桶火起，有炮無藥，勢始窘。舟師亦繼至，登岸夾擊，賊大驚而潰。……是祇陀之役，官兵應戰，只此一援。〔註6〕

〔註6〕（清）吳一勤：《瑞安西北鄉團練防剿記》，馬允倫編：《太平天國時期溫州史料彙編》，上海：上海社會科學院出版社，2002年，第205～207頁。

從文中所言可知，吳一勤對此事的已有記述（如《錢虜爰書》、《會匪紀略》等）滿腹不滿和委屈，同樣意圖辯誣。吳氏不斷記述細緻，幾乎覆蓋幾天之內的所有細節。行文也有所針對，不但不承認遭受敗績的罪證，更將「二十五、六、七都諸村從賊反正」與焚毀祇陀寺的功勞攬為己有，公然聲稱「啟煊何與焉」、「詒谷何與焉」。其急於洗清加諸己身的各種問責的意圖展露無遺，在此基礎上更欲表現自己在剿匪過程中所立下的累累功績。至於敗仗之罪尤，吳一勤則悉數歸於孫詒谷。他指責孫詒谷心懷私仇，伺機報復，意圖焚燒同屬潘埭孫氏的孫包容、有得、有順家，報焚安義堡之恨。而吳一勤身陷包圍也是因為擔心孫詒谷冒進遇險，率團協助。在兵陷重圍，幾至絕境之際，也是他振臂一呼，鼓舞餘眾，幾乎憑自身之力反敗為勝，而其他幾種敘述中挽狂瀾於既倒的官兵，反成了錦上添花，並且只此一援，無足輕重。

三、孫詒谷之死

孫詒谷作為孫衣言長子，少時於經史無甚興趣，好聚兵書，有志於軍事〔註7〕。時值戰亂，正是孫詒谷以團練領袖的民間身份介入地方事務的良機。是故在安義堡被焚、孫氏兄弟避出瑞安之後，孫衣言、孫鏘鳴安鄉固族的團練方案宣告失敗，孫詒谷更積極地直接組織團練參與到剿滅金錢會的戰鬥中。

金錢會後期意識到自己勢單力孤，不足久據浙南，遂求助太平軍平陽籍將領白承恩部入浙支持。官軍集中兵力迎戰，孫氏家族亦欲藉此平息激變的罪名，並重新建立威望，進入地方權力核心。孫詒谷首當其衝，率團衝鋒，並進而在金錢會平定後，繼續參與抵禦太平軍，最終兵敗身死。

關於孫詒谷之死的最早官方記載為同治元年（1862）四月十四日閩浙總督慶端的上奏：

> 二月十六日青田之賊竄入瑞安之白沙嶺，擾及河上橋等處，孫鏘鳴集團迎擊獲勝。該逆分股包圍，生員孫貽谷親帶勇團奮擊，眾寡不敵，力竭陣亡。〔註8〕

此段文字語甚簡要，對於時間、地點均甚確切，即孫詒谷（孫貽谷）死於同治元年二月十六日，在抗擊竄入瑞安之青田太平軍時被圍殲。此處，作

〔註7〕（清）孫衣言：《亡兒詒谷殯志》，《遜學齋文抄》卷五，清同治十二年（1886）刻本。

〔註8〕轉引自吳良祚《白承恩遺事證聞》，馬允倫編：《太平天國時期溫州史料彙編》，上海：上海社會科學院出版社，2002年，第357頁。

為地方大員,慶端給予的評價可以視為對孫詒谷戰死的褒揚,對其陷入包圍的原因,也是以逆「分股包圍」一筆帶過,並強調了孫鏘鳴團練力量在此戰之前的勝利。

類似的記載還見於吳一勤《瑞安西北鄉團練防剿記》:

> 二月,聞去冬十一月十七日,粵逆復陷省城,王巡撫有齡自經於署,張學政錫庚亦死之,至是陷台,旋陷處,得會匪餘孽為之勾引,一從白沙、芳山二嶺竄邑之港鄉,擾及潮至、陶山各處,團長孫君詒谷逆戰於余嶴,敗績,死之。〔註9〕

由於吳氏並未直接參與此戰,其消息來源可能來自輾轉告知,也可能參考了官方說法,所以對孫詒谷的死也是不甚詳細,只是寥寥數語以作交代。

而作為事件的受害人,中年喪子的孫衣言在為其子所作的《亡兒詒谷殯志》中還是平復情緒,為事件的始末做了一個梳理:

> 會匪平,兒之從張公,常為大軍先。既而粵賊由處州入……兒與民兵約偽退以誘之,民兵望見山上兵卻則潰去,兒復遣所親勇止潰兵,獨一勇黃勤從,而賊大至,兒且戰且走,被重創,遂死,勤亦死。後四日得其屍於廣濟寺之前,屍傍一矛已中斷矣。〔註10〕

據孫衣言所說,在金錢會平息後,孫詒谷即留張啟煊軍中充先鋒之用,相比生員、團長的身份定位,更具正當性與權威性。關於孫詒谷之死,孫衣言給出的解釋是與民兵約定詐退誘敵,豈料民兵卻以詐退為真,潰不成軍。孫詒谷帶隨從親勇止潰之際,卻遭敵軍掩殺而至,最終死於亂兵。這段文字將孫詒谷身死的主要原因歸咎於民兵的不服從指揮,不理解指揮者的真實意圖,紀律渙散、調令不一,孫詒谷之死似乎被民兵連累,不幸且無辜。但緊接著,孫衣言也對孫詒谷自身的性格進行了分析:

> 兒在兵間常與士卒同寢食,士卒甚愛之,然喜輕敵,見賊則嬉笑。予居山中,時兒以捷書聞。予輒戒之曰:「汝始從事戰陣而易之,兵家之忌也。」破祇陀之明日,張公與兒約進兵以辰,而兒遲明行,敗於碧山。予聞敗,為書戒之曰:「汝果不用我言,然由此於兵事當

〔註9〕 (清)吳一勤:《瑞安西北鄉團練防剿記》,馬允倫編:《太平天國時期溫州史料彙編》,上海:上海社會科學院出版社,2002年,第190頁。

〔註10〕 (清)孫衣言:《亡兒詒谷殯志》,《遜學齋文抄》卷五,清同治十二年(1886)刻本。

有進，此汝之福也。」又為書貽二弟及張公曰：「此兒膽氣可為異日
用，然必無使遠離大軍。」而兒竟以輕敵死。嗚呼！〔註11〕

　　即使此文為表彰孫詒谷義勇行為所作，孫衣言還是對其子輕敵的性格深
為瞭解，並能在感情與立場的左右下，儘量理性地剖析了孫詒谷如此性格的
表現與惡果。他將其子的在行伍間的表現描述為「常與士卒同寢食，士卒甚
愛之，然喜輕敵，見賊則嬉笑」，雖為痛惜責怪，也將僅為民團團長的孫詒谷
塑造出一派名將之風：對士卒解衣推食，視若同胞；對賊匪身先士卒，無所
畏懼。在此孫衣言也再次提到了祗陀山之戰，並透露了孫詒谷在此戰役中的
冒進致敗。而自言曾一再提醒孫詒谷、孫鏘鳴與張啟煊，孫詒谷的性格特點
和用兵軟肋也展現了痛失長子的創傷與後悔。值得注意的是，最終他把孫詒
谷之死的根本原因歸於「輕敵」，這與他對此戰的描述是有所出入的，孫詒谷
戰死除了戰術上的不統一，孫詒谷的個人冒進也難辭其咎。孫衣言此文作於
金錢會後孫氏兄弟頗受非議之時，個人感情上又遭受喪子之痛，身處此境，
仍在某種程度上承認孫詒谷的個人原因，一方面可見孫衣言還是秉承了多年
史官生涯直書的風骨，一方面也可見孫詒谷的死因在當地已流傳頗廣，無法
輕易掩蓋與否認。

　　有趣的是，關於孫詒谷戰死的時間，張慶葵別有說法：

　　　　十月廿四日，賊自陶山來撲吾營，張觀察飭臺勇與鄉兵禦之。
　　孫詒谷陷陣身亡。幸吾兵奮死兜剿，賊始受大創竄去。吾鄉團丁局
　　勇均留營中過年。〔註12〕

　　如前所述，張氏立場傾向鮮明，且記述細節頗多舛訛。此言之鑿鑿，稱
孫詒谷死於咸豐十一年（1861）十月廿四日金錢會反撲之時，與各家敘述皆
不同，與自己所述前後亦有出入，似為時隔多年，記憶疏漏，將幾次戰鬥拼
接在一起。是故如前所述，張氏《瑞安東區鄉團剿匪記》敘祗陀山之戰，將責
任全盤推給了與孫詒谷共同參與的吳一勤，無一語及孫詒谷。然其子張棡卻
依然在友人來信質疑時為父一辯：

　　　　來函云孫君詒谷死於粵匪，非死於錢匪，在同治元年，非在咸

〔註11〕（清）孫衣言：《亡兒詒谷殯志》，《遜學齋文抄》卷五，清同治十二年（1886）
　　　刻本。

〔註12〕（清）張慶葵：《瑞安東區鄉團剿匪記》，馬允倫編：《太平天國時期溫州史料
　　　彙編》，上海：上海社會科學院出版社，2002年，第184頁。

豐十一年，然此記係先君遺著，又先君親歷之事，何以舛錯如此，

或睽隔三十餘年，老人事久遺忘，故所記年月有訛耶？抑或孫氏故

張大其詞，移於粵匪殉難可以邀恤耶？〔註13〕

他提出了另一種令人驚駭的可能性：孫氏家族為「邀恤」，將死於咸豐十一年（1861）金錢會事中的孫詒谷移至同治元年（1862）廣東太平軍入浙時。這一方面是為了迴護其父事久遺忘，以防被人質疑所敘其他各事不確；一方面也是反映了曾頗受孫氏翼護的張棡對孫氏家族建構的金錢會敘事極度不信任。在他眼中，孫氏為了「邀恤」，抬高自家的身份，竟能做到不惜將長子之死推遲半年之久。這也側面體現了金錢會事件後，孫家所面臨的嚴峻形勢，以及需要處理與反思的問題。

四、對孫氏家族的評價

回溯金錢會事件，孫氏家族的表現貫穿始末，如何對其記述與評價，是各種文獻不可避免的重要問題。孫衣言自撰的《會匪紀略》尤其如此。《會匪紀略》的資料來源除了孫氏兄弟的耳聞目睹、親身經歷外，主要來自黃體芳所著《錢虜爰書》。黃氏與孫氏關係密切，向以孫衣言門人自居，亦屬孫氏白布會的重要助力之一，總體立場與孫氏相對一致。兼之黃著敘事態度整體較為平允，大多敘而不評，故而對孫氏的褒貶也不甚鮮明。只是略述孫鏘鳴辦白布會的概況，並指為「義旗」，同時也含蓄地透露孫鏘鳴與金錢會爭鋒的結果是導致鄉里之內，「隱若敵國」〔註14〕。在事發過程中，黃氏也不免提及孫氏與地方官員之間的矛盾，言語間不無同情，又對地方官員懾於金錢會之勢而將禍端推諉於孫鏘鳴表現出憤懣。在對此事件中的責任進行追究時，也是傾向於問責地方官，以為其愧對孫鏘鳴：「及侍讀再至郡，志道、黃守見之，默默不能發一言；至瑞時，趙副將及孫令見之亦有慚色。」〔註15〕

但黃氏文中對孫氏的作為並未表示全盤贊同，甚至對孫氏倚仗「家僮中人」的曾鴻昌辦團隱露微詞。黃體芳在孫氏安義堡被焚被迫離瑞求助後，與

〔註13〕張棡撰，俞雄選編：《張棡日記》，上海：上海社會科學院出版社，2003年，第212頁。

〔註14〕（清）黃體芳：《錢虜爰書》，馬允倫編：《太平天國時期溫州史料彙編》，上海：上海社會科學院出版社，2002年，第92頁。

〔註14〕（清）黃體芳：《錢虜爰書》，馬允倫編：《太平天國時期溫州史料彙編》，上海：上海社會科學院出版社，2002年，第117頁。

十餘位士紳留城組織團練城防，其後期重點主要集中在瑞安緊張的守城情況，對孫氏的行蹤自然無暇關注。此外，黃著為日記體，體例的簡略、敘事的平直為孫衣言提供了再加工的空間。

就孫衣言而言，金錢會事件給孫家帶來的傷害遠不止安義堡的焚滅和家產遭受的損失，同時還宣告了其鄉族建設理念的失敗。與地方政府的矛盾激化升級，與當地士紳貌合神離的表面和諧被時局撕裂，甚至連潘埭孫氏族人對其倒戈相向，因科舉而驟然崛起的孫氏家族根基本就不夠穩固，在突發狀況下即深陷漩渦，不能自拔。此時，掌握對此事件進行總結述評的話語權，對孫氏而言，顯得格外關鍵。

孫衣言在總結其作《會匪紀略》的動機時稱：

> ……因綜其（筆者按：指黃體芳《錢虜羨書》）大要，參以所聞，為《紀略》一篇，使愚民可以為戒，而後之仕我郡者，亦有所取鑒焉。因繫之以論曰：嗚呼，監司守令豈可不慎擇其人哉！苟非其人，因循釀禍，可以詒誤天下而禍起旋滅，僅僅塗炭一方，猶其幸焉者矣。〔註16〕

不難看出，此文之作，有為而發，不僅僅是身為史官的孫衣言履行記錄史事的義務，他對黃體芳較為紀實的日記體敘述加以提煉和加工，重新建構了金錢會始末。

《會匪紀略》可視為孫氏的「辯誣」之作，同時也是對地方官昏民愚的控訴之辭。他最終的落腳點是把金錢會的責任歸咎於愚民與監守司令，而這些地方官更是為禍深遠的罪魁禍首。因此為出發點，兩條敘述線索貫穿孫著：一是金錢會的萌發與行動軌跡；一是以翟惟本、志勳、黃維誥為代表的地方官的措施。在兩條相互交織的明線之下，隱伏著一條暗線：孫氏家族的介入與參與。在這樣的敘事結構下，孫衣言展現了高超的敘事能力，以張啟煊領兵入溫為轉折點，金錢會事件被劃分為兩個階段。前一個階段主要是金錢會勢力在官方縱容下的迅速擴張及對當地官民的破壞，後一個階段是張啟煊等馳軍援溫後勢如破竹的剿滅金錢會勢力。孫衣言對自己家族的作為表面上不置褒貶，實際卻將其巧妙地嵌入兩條明線之中：在前一階段，孫鏘鳴作為最早察覺到金錢會亂事將萌的先知，積極謀求官方協助而不可得，反招致金錢

〔註16〕（清）孫衣言：《〈會匪紀略〉書後》，《遜學齋文抄》卷二，清同治十二年（1886）刻本。

會報復，以致首遭不幸；後一階段，孫氏由孫詒谷為代表參與到了剿滅「會匪」的戰鬥之中，並隨軍立功獲勝。

由此可見，對於自己家族尤其是乃弟孫鏘鳴的作為，孫衣言不便直接給予評價，所以他選擇了頗為巧妙的處理方式，他把孫氏家族及時的應變措施與地方官的昏懦無能相比照，相對淡化孫鏘鳴治團的具體措施。雖然自言「使愚民可以為戒」，其矛頭指向的重點仍在於地方官。在孫衣言的敘述中，地方士紳的掣肘從來不是他最需要擔憂的問題，在他看來，孫氏在地方上具有可觀的向心力與輻射力。孫衣言將金錢會事件中孫氏的窘境歸咎於金錢會蠱惑民眾以及地方官員的不作為乃至有意針對，對地方士紳的互相傾軋以及派系鬥爭則仍一筆抹過。這也並非完全因為孫衣言對地方情況缺乏全面認識，而是金錢會後家族所處的情勢使然。在金錢會事件後的很長時間內，孫氏家族與地方官府的關係跌至冰點，作為當時的知名文士與曾任史官，孫衣言選擇通過壟斷這段歷史的書寫權來重塑家族形象便成了理所當然的最佳途徑。為了集中火力聲討道府的不作為，他以民自居，以官為對立面，自然需要淡化所謂「內部矛盾」。這種態度在《會匪紀略》中表現最為明顯，並在之後隨著其家族經營策略的改變進行相應調整。在這篇試圖建立金錢會事件標準敘事模式的長文中，孫衣言關注的最焦點問題是釀成金錢會事件的主要責任，這直接關係到孫氏家族在地方的地位和繼續發展。

如前所述，張慶葵所著《瑞安東區鄉團剿匪記》現存二本，兩本文字頗多歧異，其核心主要就集中在對孫氏家族的態度上。是《記》之所以時隔多年才下筆記錄，由於孫氏家族於金錢會後調整了家族發展策略，影響力和聲望逐漸恢復甚至有所擴大，孫氏掌控話語權的《會匪紀略》幾乎成為官方敘事口徑，頗多異見的張慶葵不得不建立自己的「金錢會事件敘事」，辯白與申訴自己在此事件中的作為與遭遇的待遇。

張氏組織連環會，遭到孫氏掣肘頗多，對孫氏亦頗多微詞，這在張氏筆端表現明顯。對於孫氏兄弟辦團的作為，張氏如是描述：

> 初，咸豐元年，吾瑞大紳孫侍讀鏘鳴視學廣西。適髮逆圍攻桂林省城，受困者月餘。圍解，給假歸，奏請在籍自備資斧團練。而其兄衣言，亦於咸豐四年由翰林出任皖省安慶知府。時皖新被賊，日夜巡守，苦不可言。屢請假未准，乃以廢疾辭職歸。兄弟居家奉旨團練，幾八九年，無成績。既而聞河鄉與平陽各有團，

　　乃借其戚曾鴻昌財力，設酒教士館，招集鄉民聚飲。每人分給白
　　布一塊，亦美其名曰白布會。隔江港鄉士紳多附焉。然品流混雜，
　　有識者訾之。〔註17〕

　　張氏此《記》作於晚年，踞金錢會事發已逾三十年，兼以張慶葵個人感情傾向強烈，溢於字裏行間，導致其於史實頗多訛誤。如孫鏘鳴典試廣西並留任廣西提督學政為道光二十九年（1849）；孫衣言則於咸豐八年（1858）方出任安慶知府等。其為文目的是為了痛斥孫氏「兄弟居家奉旨團練，幾八九年，無成績」，細節準確與否並無暇考證。而將孫氏辦白布會的原因，指作「聞河鄉與平陽各有團」，則將對孫氏辦團成果的不滿與不屑表露無遺。

　　而在張棡抄本《瑞安東鄉剿匪記》中，由於又逾三十年，孫衣言兄弟乃至孫詒讓均已不在人世，甚至清政府也已倒臺，孫氏家族對當地話語權的掌控已遠不如昔，時瑞安知縣與張棡亦有私交，此本對孫氏的看法則表現的更為直白而無所顧忌：

　　　　吾邑孫侍讀鏘鳴，視學粵西，因髮逆擾亂省城，逃避回家，遂
　　　　謀奉旨居家團練。其兄衣言，由翰林出守安慶府，安徽省城亦被匪
　　　　擾，四面皆賊兵，日夜防守，眠食無暇，竟謀以廢疾告退。兄弟在
　　　　家同辦團練十餘年，毫無措置。聞平邑與吾河鄉有此舉，遂藉曾君
　　　　琪財力……其名雖大，其事無章，城鄉有識之士咸訾之。孫侍讀恭
　　　　予等不予同事，蒙聳當道，冀圖傾陷。幸賴城局紳董胡君棣甫、桂
　　　　樵兩昆仲知之，星飛來報，止吾等辦團事，並向當道力為剖白，吾
　　　　輩始免於禍，而河鄉團練由此息。孫侍讀兄弟知鄉團已破，可以恣
　　　　所欲為，遂與平邑金錢會首爭長。〔註18〕

　　上文中直斥孫鏘鳴「蒙聳當道，冀圖傾陷」，破壞了張氏辛苦經營的連環會。這種忿恨情緒貫穿他對此事件追憶的始末，他基本全盤否定了孫鏘鳴以及孫衣言辦團的成效，甚而抨擊孫鏘鳴借剿滅金錢會事獲利：

　　　　次年改元，蓋同治元年正月初二也。予親自赴桐浦營，與張觀
　　　　察、孫侍讀會商軍情。鄉港各村被賊脅從者，見賊勢孤，紛紛反正，
　　　　投營納款。孫侍讀轉於此較肥瘠以獲利。……方時值升平，城鄉紳

〔註17〕（清）張慶葵：《瑞安東區鄉團剿匪記》，馬允倫編：《太平天國時期溫州史料
　　　彙編》，上海：上海社會科學院出版社，2002年，第177頁。
〔註18〕（清）張慶葵：《平定金發二逆瑣記》，清光緒十六年（1890）抄本。

士，冒功邀賞者有之，以功得官獲利者有之。噫，予想金錢勢焰時，圍城擾鄉，身受國恩者隱避不出，紳士卓卓者非入其會即謀納款，皆為身家妻子計，並無為國家城池計。獨予愚蠢，捨身家性命，請兵以救城，保衛合邑生靈。今雖得一虛名，毫無實利。而彼受恩避匿者，竟趨附當道，能以廢疾得官，高官厚祿，急流勇退，倉箱盈溢，坐享其福，誇耀鄉里，此豈非天命也歟！〔註19〕

張慶葵認為自己在金錢會勢力縱橫鄉里之際沒有「從賊」，理應享有與張啟煊、孫鏘鳴等具有官方身份者「會商軍情」的權力，然而卻遭到冷遇甚至懷疑，被目為「點人」〔註20〕。他把心中委曲怨忿也都付與對孫氏的評價：「身受國恩者隱避不出，紳士卓卓者非入其會即謀納款」。孫氏在《會匪紀略》中頗引以為傲的先知先覺、與地方官員據理力爭乃至因直言招致禍殃等累累事蹟，被張氏稱為不作為般的隱避不出。而孫氏極力迴避的白布會事則被張氏堂而皇之地撕扯出來作為孫氏圖謀私利、排除異己的罪證，也是對孫氏破壞連環會之事逾三十年耿耿不能忘懷的怨懟。值得注意的是，引文末他憤憤不平地痛斥天命不公，罪行累累的孫氏家族竟然「以廢疾得官，高官厚祿，急流勇退，倉箱盈溢，坐享其福，誇耀鄉里」，正是三十年來目睹孫氏家族在重創中總結教訓、調整家族發展策略，從而重新在鄉里建立威望的實況。

張氏對於孫氏家族的不滿也具有一定家族的延續性，張棡對於孫氏家族的感情也頗為複雜。張棡在當地聲望的累積，頗賴其父懷恨的孫衣言、孫鏘鳴乃至孫詒讓提攜。因此，他在整理完其父《記》後之《再書〈瑞安東區鄉團剿匪記〉》一文中對孫氏的評價也展現出其更為複雜矛盾的心態：

> 先君此記，撰於清光緒中葉。越兩載，而先君棄養。棡是年適受孫太僕、學士二公之聘，課其季子文孫於詒善祠塾，得時與仲容先生及伯陶、仲彤、仲愷、忱叔交，文字切磋，致足樂也。……亦緣身與孫氏世交，不忍以先人遺墨招嫌。迄今幾五十年，清社屋，國體更，先君暨孫氏諸公，皆墓木拱矣，似無所用其忌諱……顧以棡平心論之，太僕、學士二先生，品學之兼優，著述之宏富，誠為我邑山斗，令人景仰彌深者，惜其於行軍用兵之道，非所長也。……

〔註19〕（清）張慶葵：《平定金髮二逆瑣記》，清光緒十六年（1890）抄本。
〔註20〕（清）劉祝封：《錢匪紀略》，馬允倫《太平天國時期溫州史料彙編》，上海：上海社會科學院出版社，2002年，第166頁。

瑞平界毗連，城鄉諸紳，咸相戒議團，於是學士乃以辦團名義，設
酒聚會，每人給白布一塊為記號。誰知此舉已鑄成大錯矣。宣聖云：
「名不正則言不順，言不順則事不成。」夫同是一會，布與錢有何
分別，且集會即集黨，觀於漢之鈎黨、唐之牛李、宋之洛蜀朔、明
之東林，大都予人以口實。今於一邑辦防，不正名義，不分良莠，
忽假會名以招之，宜其賈怨而集矢也。……錢匪既平，學士因會事
叢詬，忿無所洩，遂消假回朝，以奏疏彈劾官紳，夫官誠不足責，
紳則桑梓交遊，團防同類，何至甘為漢奸，自污人格。蓋喪亂之際，
毀譽難憑，原不可以無稽筆墨，致受嚴旨譴詞也。……先君當日與
鄉紳等竭力辦團，殲滅二匪，學士雖不愜於心，要不能織於口，亦
足見公論之尚在人間也。〔註21〕

張棡與孫氏兩代交往甚密，如完全延續其父的敘述口吻，即使孫氏父子
兄弟已作古，也不得不有所顧忌。故而張棡強調孫氏兄弟品學著述之高，試
圖把其父對孫氏的詆斥歸因於孫氏兄弟不善軍事，而非兩團士紳之間的利益
衝突。他進而延續父親的說法，認為奉命辦團的孫鏘鳴亦屬「名不正言不順」，
白布會與金錢會無本質區別，否認孫氏辦團在官方身份上的正當性。同時辯
駁孫鏘鳴彈劾官紳之舉，為鄉紳辯護，含蓄地嘲諷孫氏排擠鄉紳。這在《張
棡日記》中能得到更直接的體現：

閱孫止菴先生《海日樓詩文》然觀其集中如《應詔陳言疏》及
《與鄭夢白中丞書》、《與左季高制軍書》，頗能侃侃直言，深痛當日
吏治之壞，亦確由痌瘝民隱之責，惜其於桑梓治匪，但知責人，而
未知平時好用私人聚會不正之弊。〔註22〕

相比張氏對孫氏辦團的評價，向被認為孫氏一系的吳一勤在《瑞安西北
鄉團練防剿記》中對孫氏的評價自然要溫和許多。他得以以正當身份介入金
錢會事件的契機正是孫鏘鳴所授予：

十一年辛酉，吾溫平陽會匪乘機倡亂，孫學士鏘鳴以命在籍治
團，當柬招勤，約赴城局曾君鴻昌家，會商團練事宜。瑞平兩邑諸

〔註21〕張棡：《再書〈瑞安東區鄉團剿匪記〉》，張鈞孫、張鐵孫、戴若蘭編《（度支）
隱園詩文輯存》，香港：香港出版社，2005年，第407頁。
〔註22〕張棡撰，俞雄選編：《張棡日記》，上海：上海社會科學院出版社，2003年，
第461頁。

　　同事具在，其意將以破會匪也。〔註23〕

　　正因為由於孫氏的招募方有機會獲取官方庇護，吳氏對孫氏頗為依附，甚至模仿其築堡自衛，前文有所述及，此不再贅述。其對孫氏「奉命在籍治團，堂堂正正」的身份是毫無疑義而且十分仰仗的，其對孫氏的基本評價也傾向於同情與理解。但在具體事件上，吳氏與孫氏亦有分歧，其中顯例即祇陀山之戰。

〔註23〕（清）吳一勤：《瑞安西北鄉團練防剿記》，馬允倫編《太平天國時期溫州史料彙編》，上海：上海社會科學院出版社，2002 年，第 189～190 頁。

後　記

　　2012 年，我從復旦大學碩士畢業，入職浙江大學地方歷史文書研究與編纂中心，參與龍泉司法檔案的整理工作。在中心包偉民、吳錚強、傅俊、陳明華諸位老師的提攜之下，原本興趣偏向於文獻學的我報考了浙江大學，忝入杜正貞老師門下修習中國古代史，有幸成為她招收的第一個博士生。杜師是社會史研究的專家，其對中國基層社會的考察理性又不失溫情，在學業和生活上都對我這個駑鈍的「開門弟子」給予了極大的幫助和關懷。在杜師的啟發下，我在博士論文選題過程中，試圖把社會史與學術史、文獻學相結合，找到兩者的交點。就這樣，橫跨多個領域的瑞安孫氏走進了我的視野。

　　論文的內容涉及到區域史、宗族史、學術史、思想史、教育史、書籍史、文學史乃至文獻學等各方面理論和知識，搜集與整理這些文獻資料的過程讓我在不知多少個日夜裡苦心孤詣又甘之如飴。苦心孤詣者，清絕，影也別，知心惟有月；甘之如飴者，吹滅讀書燈，一身都是月。其中五味，想來每位同學同道都能體會。儘管如此，諸多知識背景的不同資料，也不是我能夠充分駕馭和把握的，以致最終很多討論點只能淺嘗輒止，未及深入，亦成為我的一大遺憾。

　　論文撰寫過程中，徐小晴、彭瀅燕、李揚、沈夢迪諸同學曾與切磋討論；最終成型的這篇論文則根據答辯會座師魯西奇、孫競昊、宮雲維、吳豔紅諸位的意見加以修改，更正了很多問題，借此一併感謝。

　　博士畢業後，我遠赴天津師範大學，就職該校剛剛成立的古籍保護研究院，論文就此擱置一邊。直至 2020 年 12 月，蒙花木蘭文化事業有限公司不棄，考慮出版這篇還有諸多瑕疵的論文，並徵求杜正貞老師意見。杜師不吝

讚美，予以推薦，使我與花木蘭得結書緣。副總編輯楊嘉樂老師悉心指點校改事項，論文方草定成書。校改過程中，內子劉奕宏女士不僅全程參與，更多有鼓勵，使我有勇氣出版這部小書，希望能對同學同好者稍有助益。

　　論文畢竟擱置三年，期間相關研究又有新進展，如《孫衣言集》整理出版等，均為我未能充分運用與參考的，這個遺憾，也只有等到將來有機會再彌補了。